PEP GUARDIOLA

88 Angriffskombinationen und Positionsbasierte Spielzüge direkt aus Peps Trainingseinheiten

Veröffentlicht von

PEP GUARDIOLA

88 Angriffskombinationen und Positionsbasierte Spielzüge direkt aus Peps Trainingseinheiten

Erstmals veröffentlicht im Juli 2019 von SoccerTutor.com
Veröffentlicht in Deutsch im Januar 2022 von SoccerTutor.com

info@soccertutor.com | www.SoccerTutor.com

UK: 0208 1234 007 | **US:** (305) 767 4443 | **ROTW:** +44 208 1234 007

ISBN: 978-1-910491-49-2

Copyright: SoccerTutor.com Limited © 2020. Alle Rechte vorbehalten.

Alle Rechte vorbehalten. Es dürfen keine Inhalte dieses Buchs unrechtmäßig kopiert oder weitergegeben werden. Die Rechte über den gesamten Inhalt liegen bei den Urhebern. Die Inhalte dürfen nur in Verbindung mit dem vorliegenden Cover stehen. Widerrechtlicher Umgang wird strafrechtlich verfolgt.

Bearbeitet von
Alex Fitzgerald - SoccerTutor.com

Übersetzt ins Deutsche von
Jonas Jacob

Cover Design von
Alex Macrides, Think Out Of The Box Ltd. Email: design@thinkootb.com Tel: +44 (0) 208 144 3550

Abbildungen
Abbildungen von SoccerTutor.com. Alle Diagramme in diesem Buch wurden mit der Software von SoccerTutor.com Tactics Manager erstellt. Verfügbar auf www.SoccerTutor.com

Notiz: Trotz höchster Ansprüche an Genauigkeit der Inhalte in diesem Buch kann keine Verantwortung für fehlende Informationen durch die Herausgeber übernommen werden.

INHALT

PEP GUARDIOLA - ERFOLGE 9
PEP GUARDIOLA: SPIELERZITATE 10
LEGENDE 11
FORMAT 11

PEP GUARDIOLAS ANGRIFFSMUSTER IM TRAINING 12

PEP GUARDIOLAS SPIELPHILOSOPHIE: BESTE ZITATE 13
PEP GUARDIOLAS SPIELPHILOSOPHIE: SCHLÜSSELMERKMALE 14
PEP GUARDIOLAS POSITIONSSPIEL (JUEGO DE POSICIÓN) 15
PEP GUARDIOLAS ZONENEINTEILUNG: SCHLÜSSELZONEN 16
PEP GUARDIOLAS ZONENEINTEILUNG: REGELN UND ZIELE 17
DIE BEDEUTUNG DER HALBRÄUME FÜR GUARDIOLA 18
PEP GUARDIOLAS "HALBRÄUME" AM BEISPIEL MANCHESTER CITYS (4-3-3) ... 19

OFFENSIVE ANGRIFFSMUSTER (4-3-3) 20

AUFBAUSPIEL VOM ABSTOß AN (TRAININGSBEISPIELE) 21
AUFBAUSPIEL VOM ABSTOß AN BEISPIEL: 3VS3 AUF AUßEN 22

1. Beispiel A: Pass zum AV zugestellt und DM eng gedeckt 22
2. Beispiel B: Pass zum DM zugestellt und AV eng gedeckt 23
3. Beispiel C: Pass zum Flügelspieler zugestellt und DM eng gedeckt 24

OFFENSIVE ANGRIFFSMUSTER: 4-3-3 MIT EINGERÜCKTEN AUßENVERTEIDIGERN 25

MANCHESTER CITYS 4-3-3 FORMATION 27
MANCHESTER CITYS OFFENSIVE 2-3-2-3 FORMATION (4-3-3) 28
POSITIONIERUNG UND BALLANNAHME IN DEN HALBRÄUMEN (4-3-3) 29
PEP GUARDIOLAS TRAININGSAUFBAU (EINGERÜCKTE AUßENVERTEIDIGER) ... 30
1. Kombinationsspiel durch das Zentrum 31
2. Offensiver Mittelfeldspieler erhält Zuspiel vom Stürmer und Spielt Pass in die Schnittstelle auf den Flügelspieler 32

3. Offensiver Mittelfeldspieler im Halbraum dribbelt nach Innen und Spielt Pass in die Schnittstelle auf den Flügelspieler 33

4. Offensiver Mittelfeldspieler erhält Zuspiel vom Stürmer und sucht selbst den Abschluss 34

5. Offensiver Mittelfeldspieler spielt den Ball nach Ablage eines Stürmers zum Flügelspieler 35

6. Defensiver Mittelfeldspieler passt zum Stürmer. Der legt den Ball für einen Pass in die Schnittstelle zum Offensiven Mittelfeldspieler auf 36

7. Außenverteidiger passt zum Stürmer. Der legt den Ball für einen Pass in die Schnittstelle zum Offensiven Mittelfeldspieler ab 37

8. Defensiver Mittelfeldspieler spielt Diagonalen Flugball zum einlaufenden Flügelspieler 38

Offensive Angriffsmuster im Training - Abwandlung: Hinzunahme eines Verteidigers und 2 Mittelfeld-Dummys 39

OFFENSIVE ANGRIFFSMUSTER: 4-3-3 MIT "GEWÖHNLICHEN" AUSSENVERTEIDIGERN . . 40

PEP GUARDIOLAS TRAININGSAUFBAU ("GEWÖHNLICHE" AUSSENVERTEIDIGER) 42

1. Defensiver Mittelfeldspieler passt zum Stürmer. Der legt den Ball für einen Pass in die Schnittstelle zum Offensiven Mittelfeldspieler ab 43

2. Stürmer bietet sich nach Pass auf den Offensiven Mittelfeldspieler für ein Zuspiel an 44

3. Stürmer erhält Zuspiel und Spielt Pass in die Schnittstelle für den einlaufenden Offensiven Mittelfeldspieler 45

8. Defensiver Mittelfeldspieler kombinieren im Zentrum, dann Diagonaler Flugball zum einlaufenden Flügelspieler 46

OFFENSIVE ANGRIFFSMUSTER (4-3-3) 47

PEP GUARDIOLAS FC BARCELONA FORMATION (4-3-3) 49

POSITIONIERUNG UND BALLANNAHME IN DEN HALBRÄUMEN (4-3-3) 50

1. Spielverlagerung auf den Flügelspieler mittels Kurzpassspiel 51

2. Spielverlagerung mittels langem Ball auf den Flügelspieler 52

3. Angriff durch das Zentrum - Flugball auf den Offensiven Mittelfeldspieler 53

4. Timing von offensiven Laufwegen. Tiefer Laufweg, Flanke, Abschluss 54

5. Timing von offensiven Laufwegen. Spielverlagerung, Flanke, Abschluss 55

6. Angriffsmuster mit vier Spielern. Schnittstellenpass, Flanke und Abschluss (linker Flügel) 56

7. Angriffsmuster mit vier Spielern. Schnittstellenpass, Flanke und Abschluss (rechter Flügel) 57

OFFENSIVE ANGRIFFSMUSTER (3-5-2) 58

PEP GUARDIOLAS MANCHESTER CITY FORMATION (3-5-2) 60
POSITIONIERUNG UND BALLANNAHME IN DEN HALBRÄUMEN (3-5-2) 61
PEP GUARDIOLAS TRAININGSAUFBAU (3-5-2) 62

Angriffsmuster durch das Zentrum + tiefe Laufwege 63

1. Beide Stürmer kombinieren im Zwischenraum + tiefer Laufweg des Offensiven Mittelfeldspielers 64
2. Stürmer legt auf 2. Stürmer ab + Pass auf Offensiven Mittelfeldspieler im Zentrum 65
3. Stürmer legt auf 2. Stürmer ab + Offensiver Mittelfeldspieler erhält tiefes Zuspiel 66
4. Schnelles Kombinationsspiel zwischen Offensivem Mittelfeldspieler und den beiden Stürmern .. 67
5. Schnelles Aufbauspiel mit dem Ziel die Stürmer anzuspielen 68

Spielverlagerung und Schnittstellenpass auf den Flügelspieler 69

1. Spielverlagerung um den Flügelspieler mit einem Pass in die Schnittstelle einzusetzen 70
2. Defensiver Mittelfeldspieler spielt Flugball auf Flügelspieler + tiefer Laufweg des Offensiven Mittelfeldspielers 71
3. Schnelles Kombinationsspiel mit dem Ziel den Flügelspieler einzusetzen. 72
4. Stürmer legt auf 2. Stürmer ab, um das Spiel auf den Flügelspieler zu verlagern 73
5. Kombinationsspiel mit dem Defensiven Mittelfeldspieler + Pass in die Schnittstelle zum Flügelspieler auf der ballfernen Seite 74
6. Stürmer legt den Ball auf den ballfernen Offensiven Mittelfeldspieler + Pass in die Schnittstelle auf den Flügelspieler 75

Stürmer legt den Ball auf Offensiven Mittelfeldspieler ab + Pass in die Schnittstelle .. 76

1. Offensiver Mittelfeldspieler spielt Flugball zum aufgerückter Flügelspieler 78
2. Offensiver Mittelfeldspieler erhält Zuspiel von Stürmer + Pass in die Schnittstelle auf den Flügelspieler 79
3. Offensiver Mittelfeldspieler erhält Zuspiel von hängender Spitze + Pass in die Schnittstelle auf den Flügelspieler 80
4. Offensiver Mittelfeldspieler erhält Zuspiel von hängender Spitze + Pass in die Schnittstelle auf den Flügelspieler (2) 81
5. Spiel durch die Kurzes Kombinationsspiel für Pass in die Schnittstelle. 82
6. Offensiver Mittelfeldspieler erhält Zuspiel von Stürmer + Pass in die Schnittstelle auf 2. Stürmer . 83
Pep Guardiola stoppt die Trainingseinheit an diesem Punkt und nimmt Änderungen vor 84

Offensiver Mittelfeldspieler lässt sich fallen und die Stürmer bewegen sich in die Halbräume 85

1. Stürmer erhält Zuspiel im Halbraum und passt nach Innen zum Offensiven Mittelfeldspieler 86

2. Defensiver Mittelfeldspieler erhält Zuspiel und spielt Ball durch Schnittstelle zum Flügelspieler zum Flügelspieler 87

3. Doppelpass zwischen Flügelspieler und Stürmer im Halbraum 88

4. Stürmer spielt Flügelspieler weit außen an + Flanke, Abschluss 89

5. Offensiver Mittelfeldspieler lässt sich fallen, Stürmer kombinieren im Halbraum und verlagern das Spiel 90

6. Flügelwechsel durch Flugball von einem Offensiven Mittelfeldspieler 91

7. Stürmer ab + passt durch Schnittstelle zum Flügelspieler auf Flügelspieler 92

8. Stürmer legt auf 2. Stürmer ab + Diagonaler Flugball auf den Flügelspieler 93

Sicherer Ballbesitz um einen Diagonalen Flugball vorzubereiten 94

1. Schnelles Kombinationsspiel im Zentrum + Flugball auf den Stürmer 95

2. Kombinationsspiel mit mehreren Ablagen + Flugball auf den Stürmer 96

3. Schnelles Kombinationsspiel im Zentrum mit Ablagen + Flugball auf den Flügelspieler 97

4. Seitenverlagerung von einem Flügel zum anderen und wieder zurück + Flugball in den Rücken der Abwehr 98

5. Schnelles Kombinationsspiel im Zentrum mit Ablagen + Flugball auf den Flügelspieler (2) 99

6. Schnelles Kombinationsspiel im Halbraum + Flugball auf den ballfernen Flügelspieler 100

Kombinationsspiel mit dem Flügelspieler 101

1. Kurzes Kombinationsspiel um den Flügelspieler mit Pass in die Schnittstelle anzuspielen 102

2. Kurzes Kombinationsspiel um den Flügelspieler mit Pass in die Schnittstelle anzuspielen 103

3. Pass auf den Flügelspieler + Ball durch Schnittstelle auf den Offensiven Mittelfeldspieler 104

4. Spielverlagerung auf den Flügelspieler + Pass in die Schnittstelle auf den Offensiven Mittelfeldspieler 105

5. Spiel über Kurzes Kombinationsspiel + Pass durch Schnittstelle vom Flügelspieler auf den Offensiven Mittelfeldspieler 106

Offensive Mittelfeldspieler - Dribbling im Zentrum 107

1. Schnelles Kombinationsspiel in und um die Halbräume + Pass ins Zentrum zum Offensiven Mittelfeldspieler 108

2. Beide Stürmer kombinieren und kreieren Raum für den Offensiven Mittelfeldspieler 109

OFFENSIVES KOMBINATIONSSPIEL & ABSCHLUSS 110

Offensives Kombinationsspiel - Kreieren und Verwerten von Torchancen 112

1. Passspiel und Annahmeverhalten im Offensiven Kombinationsspiel. Ablage, Dribbling und Abschluss. 113
2. Passkombination, Pass durch Schnittstelle und Abschluss 114
3. Passkombination + Doppelpass und Schuss 115
4. Passkombination + Flugball, Doppelpass und Schuss 116
5. Passkombination und Diagonalball + Abschluss 117
6. Doppelpass, Pass durch Schnittstelle, Flanke und Abschluss 118
7. Doppelpass, Diagonaler Flugball, Flanke und Abschluss 119
8. Doppelpass, tiefer Laufweg, Flanke und Abschluss 120
9. Doppelpass, Diagonaler Flugball und Abschluss 121
10. Kurzes Kombinationsspiel, Ball nach Außen, Flanke und Abschluss 122
11. Kombination, Ball nach Außen, Flanke und Abschluss 123
12. Stürmer läuft in den Sechzehner, Flanke und Abschluss 124
13. Kurzpassspiel auf dem Flügel, Flanke und Abschluss 125
14. Kurzpassspiel im Zentrum, Ball nach Außen, Doppelpass, Pass in den Rückraum und Abschluss im 5vs2 126

Offensives Kombinationsspiel in 3vs2 Situationen 127

1. Schnelles 3vs2 (+TW) 128
2. Schnelles 3vs2 (+TW) mit einem nachrückenden Verteidiger 129

Offensive Kombinationsspiele (Übungsformen) 130

1. Kombinationsspiel mit Schnittstellenpass und Abschluss (mit Schnelligkeitselementen) 131
2. Kombinationsspiel mit Diagonalen Flugball und Abschluss (mit Schnelligkeitselementen) 132
3. Kombinationsspiel mit Dribbling und Abschluss (mit Schnelligkeitselementen) 133
4. Passkombination (mit Schnelligkeitselementen) + Dribbling und Abschluss 134

Offensive Kombinationsspiele (Übungsformen mit Ausdauer- und Schnelligkeitselementen) 135

1. Pass, Dribbling und Schuss im Warm-Up 136
2. Passkombination mit doppeltem Doppelpass und Schuss im Warm-Up 137

3. Doppelter Doppelpass, Flanke und Abschluss (Schnelligkeitsübung) 138

4. Doppelpass auf dem Flügel, Flanke und Abschluss (Schnelligkeits-/Ausdauerübung). 139

5. Ballannahme auf den Flügel, Flanke und offensive Laufwege in den Strafraum
(Schnelligkeitsausdauer) 140

6. Schnelles Kombinationsspiel, Flanke und Abschluss. 141

7. Kombinierte Aktionen, Flanke und Abschluss (Schnelligkeits-/Ausdauerübung). 142

8. Doppelpass, Flanke und getimte Laufwege in den Strafraum (Schnelligkeitsausdauer) 143

PEP GUARDIOLA - ERFOLGE

TRAINERSTATIONEN

- **Manchester City** (2016 - heute)
- **Bayern München** (2013 - 2016)
- **Barcelona** (2008 - 2012)
- **Barcelona B** (2007 - 2008)

„Wenn ich den Ball habe, habe ich die Chance ein Tor zu erzielen."

„Mein Fußball ist simpel: I will angreifen, angreifen, angreifen."

„Im Zweifelsfall, besinne dich auf die Grundlagen, angreifen, angreifen, angreifen."

TITEL (EUROPA/WELTWEIT)

- UEFA Champions League x 2 (2009, 2011)
- FIFA Club World Cup x 3 (2009, 2011, 2013)
- UEFA Super Cup x 3 (2009, 2011, 2013)

TITEL (Nationale Ligen)

- Englische Premier League x 2 (2018, 2019)
- Deutsche Bundesliga x 3 (2014, 2015, 2016)
- Spanische La Liga x 3 (2009, 2010, 2011)
- Spanische Tercera (2.) División (2008)

TITEL (Nationale Pokale)

- Englischer FA Cup (2019)
- Deutscher DFB Pokal x 2 (2014, 2016)
- Spanischer Copa del Rey x 2 (2009, 2012)
- Englischer EFL Cup x 2 (2018, 2019)
- Spanischer Supercopa de España x 3 (2009, 2010, 2011)

INDIVIDUELLE AUSZEICHNUNGEN

- FIFA Trainer des Jahres (2011)
- Europäischer Trainer der Saison - Press Association (2011)
- Europäischer Trainer des Jahres - Alf Ramsey Award (2009)
- Englischer Premier League Manager der Saison (2018)
- La Liga Trainer des Jahres x 4 (2009, 2010, 2011, 2012)

PEP GUARDIOLA: SPIELERZITATE

"Ich hatte einen einzigartigen Meister. Ich bin mit Pep als Spieler sehr gewachsen und habe viel von ihm gelernt. Manche Trainer sind hervorragende Taktiker, aber Pep hat auch beschrieben, welche Spielzüge man auf dem Platz machen muss und was dann passieren wird. Und das tat es!" (Lionel Messi)

"Er ist ein Genie, der das Spiel liest und jede erdenkliche Situation abdeckt. Er zeigt uns immer, wie wir Räume schaffen und Lösungen finden können, und es gibt keinen Trainer wie ihn, was ihn wahrscheinlich zum besten der Welt macht." (Ilkay Gündoğan)

"Eines kann man sicher sagen: Er will dominieren. Die Leute assoziieren seine Mannschaften mit der Anzahl der Tore, die sie schießen, aber seine Mannschaften kassieren auch nicht viele Gegentore. Er will immer an der Spitze stehen, den Ball haben, in Ballbesitz sein, und er will dominieren." (Thierry Henry)

"Ich habe viel von Pep gelernt. Er ist ein Genie. Ich kann von ihm in einer Stunde mehr lernen, als von anderen in einem Jahr. Er hebt dich nicht nur auf dem Spielfeld auf die nächste Stufe, sondern auch im Kopf. Er hat mir völlig neue Möglichkeiten aufgezeigt. Ich wusste nicht, dass das möglich ist, als ich nach München kam." (Douglas Costa)

"Er ist ein unglaublicher Trainer auf einem komplett anderen Level als alle anderen. "Er hilft den Spielern wirklich, sich zu entwickeln, und er hat mir sogar geholfen, mich mit 30 Jahren noch zu verbessern." (Phillip Lahm)

LEGENDE

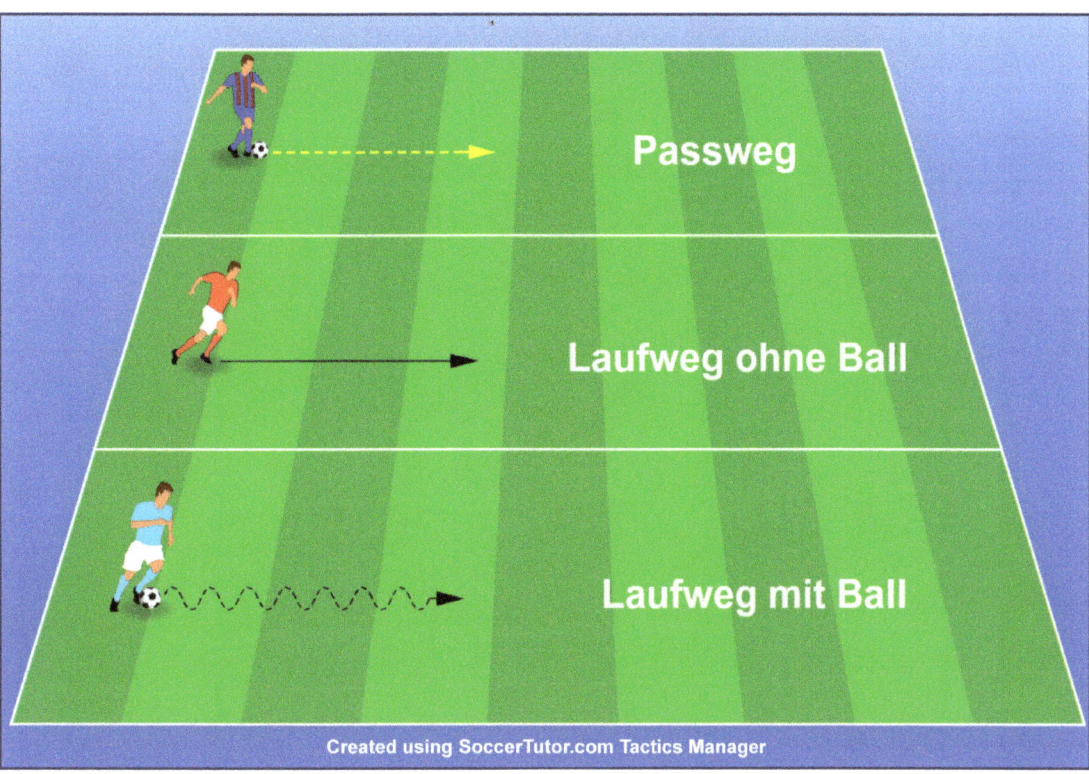

FORMAT

- Die Übungen in diesem Buch stammen direkt von Pep Guardiolas Trainingseinheiten bei Manchester City, Bayern München und dem FC Barcelona.
- Jede offensive Kombination oder Bewegungsmuster beinhaltet die Übung, das Thema und klare Abbildungen mit detaillierten Erklärungen.

PEP GUARDIOLAS ANGRIFFSMUSTER IM TRAINING

PEP GUARDIOLAS ANGRIFFSMUSTER IM TRAINING

PEP GUARDIOLAS SPIELPHILOSOPHIE:
BESTE ZITATE

"Du kannst Bälle verlieren und dir einen Konter einfangen. Aber ich denke, ein größeres Risiko ist es, wenn man kein Risiko eingeht."

"Es ist unmöglich, gegen eine tiefe Verteidigung das Spiel eng zu machen. Erst breit machen und dann hinterlaufen"

"Ich versuche, einen gut organisierten defensiven Gegner zu bewegen - sie zu bewegen, damit der Ball schnell weitergeleitet werden kann und Probleme in der Defensivordnung schafft."

"Manchmal gibt es hochpressende Mannschaften mit und man findet die Räume manchmal leichter - man hat mehr Raum, und bei den anderen, die mit 11 Spielern tief um die Box verteidigen, OK, da muss man einen Weg finden, sie anzugreifen."

"Ich liebe es, anzugreifen, Das ist meine Vorstellung vom Fußball. Es ist die Geschwindigkeit des Angriffs, der einen fasziniert."

"Das Wichtigste sind die Absichten. I versuche, den Ball zu erobern, zu spielen, anzugreifen. Danach kann man gewinnen oder eben nicht."

"Während wir angreifen, ist die Idee, immer die Positionen zu halten, immer an dem Ort zu sein, an dem man sein muss."

"Ich will Dynamik, Bewegung, aber die Position muss immer von jemandem besetzt werden."

Quelle: Pep Guardiola Interview mit Transversales auf SFR Sport 1, Frankreich - Februar 2018

PEP GUARDIOLAS ANGRIFFSMUSTER IM TRAINING

PEP GUARDIOLAS SPIELPHILOSOPHIE:
SCHLÜSSELMERKMALE

- Beweg dich niemals aus deiner Zone raus, um dich anzubieten

- Benutze Pässe um deinen Gegner aus seiner Ordnung zu bringen

- Flügelspieler stehen hoch und breit an den Kanten des Spielfeld, sie warten um zuzuschlagen wenn der Gegner unorganisiert ist

- Dominiere das Spiel weit vorne im Feld

- Ballbesitz ist nur ein Werkzeug

- Kreiere 1vs1 Situationen in Schlüsselzonen

- Strukturierte Positionierung der Spieler - stetiges nach vorne rücken im Verbund

- Korrekte Körperstellung zum Annehmen des Balls

- Kurze genaue Pässe

- Spiel über "den Dritten" um im Aufbauspiel zwischen den Kurzes Kombinationsspiel des Gegners zu agieren (Dreiecksbildung)

- 2vs4 im Angriff, 1 Spieler mehr im Mittelfeld, 1 Spieler mehr in der Abwehr, mit einer hoch verteidigenden Abwehr

- Spiel jedes Spiel mit Intensität und totaler Konzentration

Quelle: Perarnau, Martí. Pep Guardiola: The Evolution . Birlinn. Kindle Edition, 2016

PEP GUARDIOLAS ANGRIFFSMUSTER IM TRAINING

PEP GUARDIOLAS POSITIONSSPIEL (JUEGO DE POSICIÓN)

- Nutze Raum im Ballbesitz aus und beschütze den Raum, wenn du den Ball verlierst
- Passmöglichkeiten sind durch die Position des Balls vorbestimmt und Spieler bewegen sich in Abhängigkeit der Position des Balls
- Behalte die korrekten Abstände, immer in Abhängigkeit der Spielerbewegungen und der Formation
- Kontrollierter Ballbesitz
- Spieler sind in bestimmten Zonen positioniert
- Beweg die gegnerische Verteidigung
- Öffne Lücken und Passwege (Passdreiecke)
- Positioniere Spieler zwischen den Kurzes Kombinationsspiel
- Brich die gegnerischen Kurzes Kombinationsspiel mit vertikalen Pässen
- Spiel zu einem Mitspieler nach vorne um das Spiel voranzutreiben oder spiel zu einem Mitspieler mit genug Zeit und Raum für eine Annahme, dann folgt der nächste Pass
- In einer klaren Struktur ist es wichtig, dass jeder die korrekte Position einnimmt
- "Halbräume" (siehe nächste Seite) und das schnelle zurückerobern des Balls nach Ballverlust sind Ausgeburten des Juego de Posición

Quelle: Luca Bertolini, UEFA B Trainer Lizenz und Autor von vielen Fußball Trainerbüchern - www.lucamistercalcio.com

©SOCCERTUTOR.COM — Pep Guardiola: Direkte Übungen aus Pep's Trainingseinheiten - Teil 1

PEP GUARDIOLAS ANGRIFFSMUSTER IM TRAINING

PEP GUARDIOLAS ZONENEINTEILUNG:
SCHLÜSSELZONEN

PEP'S ZONENEINTEILUNG: Die markierten Zonen auf dem Spielfeld dienen dazu spezifische Bewegungsmuster zu trainieren, Räume zu erweitern, den Gegner zu bewegen, Überzahlsituationen herzustellen und den Ball in die gefährlichen Offensiven Zonen zu befördern (die "Halbräume").

Offensive Mittelfeldspieler und die "Halbräume"

Offensive Mittelfeldspieler sollen Bälle in dieser Zone erhalten und sich aufdrehen

Von hier aus, suchen die Kreativspieler nach dem Pass in die Schnittstellen

Flügelzonen

Flügelspieler (Außenbahnspieler) besetzen die Flügelzonen

Sie binden die gegnerischen Verteidiger

Sie bieten in der letzten Phase des Angriffs Laufwege in den Rücken der Abwehr an.

Einrückende Außenverteidiger und die "Halbräume"

In Man Citys 4-3-3, positionieren sich die einrückenden Außenverteidiger in den "Halbräumen" um den Ball von den Innenverteidigern zu den Angreifern zu befördern

Das erlaubt den Defensiven Mittelfeldspieler in ihrer zentralen Position zu bleiben

PEP GUARDIOLAS ANGRIFFSMUSTER IM TRAINING

PEP GUARDIOLAS ZONENEINTEILUNG:
REGELN UND ZIELE

Effektives Ballbesitzspiel, Aufbauspiel ist ein Werkzeug um die gegnerischen Spieler zu bewegen und ihre Organisation durcheinander zu bringen

Setze den Gegner effektiv unter Druck und suche nach Anspielen zwischen der gegnerischen Abwehr- und Mittelfeldkette

Erreiche nach kontrolliertem Ballbesitz mit so vielen Spielern wie möglich den Strafraum des Gegners. Sei bereit um einen Pass in die Schnittstelle zu erlaufen oder auf eine Flanke zu reagieren

Die oberen Flügelzonen müssen immer von einem Flügelspieler besetzt werden wenn Guardiola im 3-5-2 System spielt

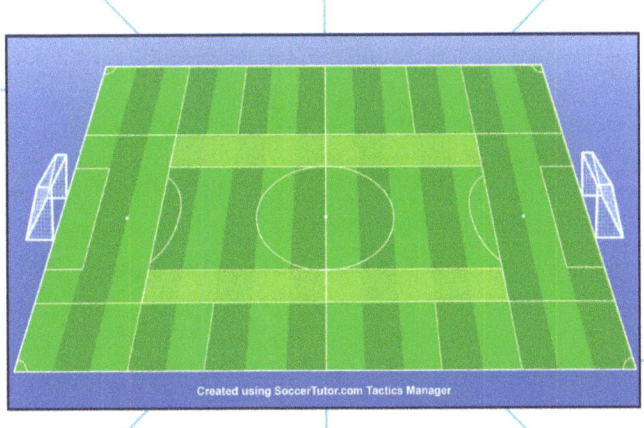

Die unteren Flügelzonen müssen immer von einem Flügelspieler besetzt werden wenn Guardiola im 3-5-2 System spielt

"Just from you being high and wide, you are actually freezing 4 players because we are threatening to go in behind." (Thierry Henry)

"When you have Xavi, Iniesta, Busquets, Messi, Fabregas, it is normal you play in that position in the middle." (Pep Guardiola)

"When you have players here like Sane, Sterling and De Bruyne, we attack more the spaces." (Pep Guardiola)

PEP GUARDIOLAS ANGRIFFSMUSTER IM TRAINING

DIE BEDEUTUNG DER HALBRÄUME FÜR GUARDIOLA

WAS SIND PEP GUARDIOLAS "HALBRÄUME"?

Die "Halbräume" sind die "Inside Channels", die inneren Bahnen zwischen den gegnerischen Außen-/ und Innenverteidigern (siehe Abbildung auf der nächsten Seite). Pep Guardiolas Ziel ist seine besten und kreativsten Spieler in diesen Zonen an den Ball zu bekommen.

- Momentan, bei Manchester City, möchte Pep Guardiola seine Offensiven Mittelfeldspieler **Silva (21)**, **De Bruyne (17)** and **Bernardo (20)** in den "Halbräumen" in Ballbesitz sehen. Von dort sollen sie die Pässe in die Schnittstellen in den Rücken der gegnerischen Abwehr spielen.

- Manchester City versucht eine Überzahlsituation im zweiten Drittel des Felds herzustellen. Die einrückenden Außenverteidiger **Walker (2)** und **Zinchenko (35)** oder **Delph (18)** nehmen zentrale Positionen ein. So entsteht eine 2-3-2-3 Formation in Ballbesitz (siehe Seite 28).

- Die einrückenden Außenverteidiger (4-3-3) sind in den "Halbräumen" positioniert. Sie helfen dabei den Ball von den Innenverteidigern zu den Angreifern zu befördern. Darüber hinaus erlauben sie dem Defensiven Mittelfeldspieler **Fernandinho (25)** seine zentrale Position beizubehalten.

- Pep Guardiolas Flügelspieler **Sterling (7)**, **Sané (19)**, **Mahrez (26)** und manchmal **Bernardo (20)** spielen ganz außen an den Außenkanten des Spielfelds. Sie zwingen die gegnerischen Außenverteidiger hinten zu bleiben und schaffen so mehr Platz in der Zentrale und in den "Halbräumen" für eure Mitspieler.

- Bei Bayern München, wollte Pep Guardiola seine Flügelspieler (oder Außenstürmer) **Robben** und **Ribery** in den hoch in den "Halbräumen" haben, damit sie nach innen ziehen und schießen konnten. Er wollte das, weil Robben und Ribéry seine gefährlichsten Spieler waren.

- Das bedeutete, dass die Außenverteidiger in den Flügelzonen stehen mussten um Raum für die "Halbräume" offen zu lassen.

- Beim FC Barcelona, wollte Pep Guardiola, dass seine Offensiven Mittelfeldspieler **Xavi** und **Iniesta** den Ball in den "Halbräumen" zugespielt bekommen.

- Die Flügelspieler bleiben breit und binden dadurch ihre Verteidiger. So bleiben die "Halbräume" offen für **Xavi** und **Iniesta**. Von dort aus können sie den Ball annehmen und Pässe in die Schnittstellen in den Rücken der Abwehr spielen.

Quelle: Luca Bertolini, UEFA B Trainer Lizenz und Autor von vielen Fußball Trainerbüchern - www.lucamistercalcio.com

PEP GUARDIOLAS ANGRIFFSMUSTER IM TRAINING

PEP GUARDIOLAS "HALBRÄUME" AM BEISPIEL MANCHESTER CITYS (4-3-3)

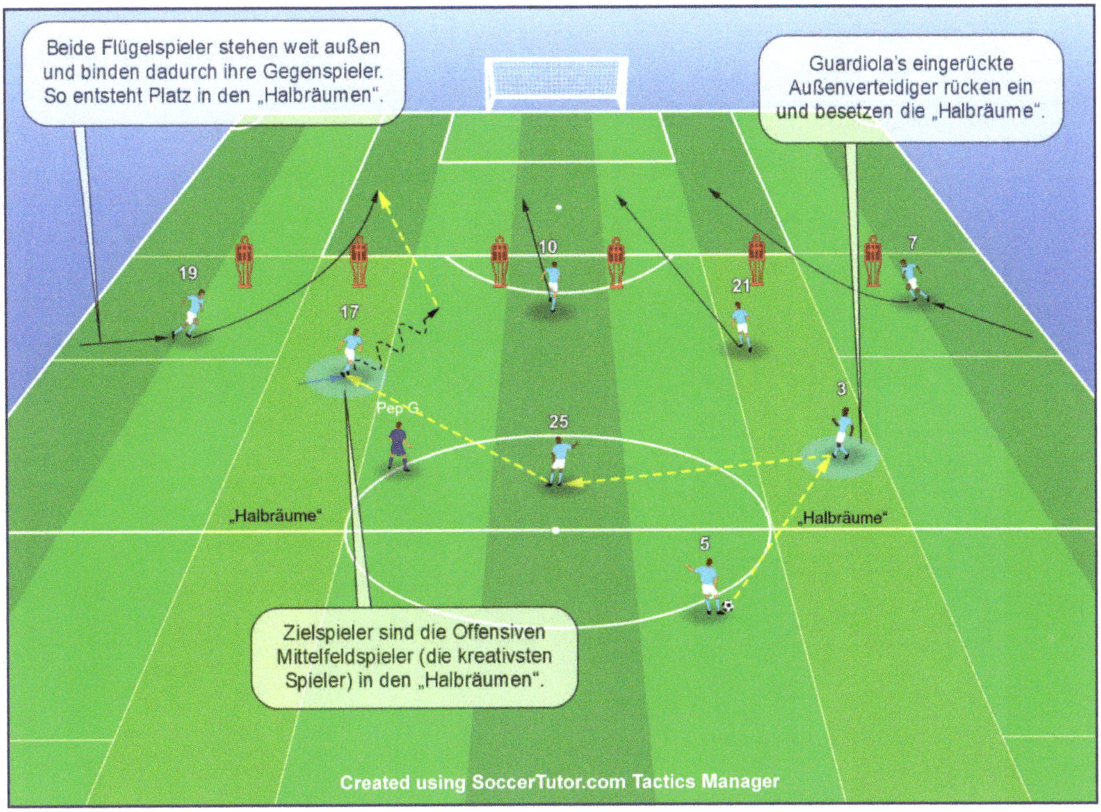

![Taktik-Diagramm]

Beide Flügelspieler stehen weit außen und binden dadurch ihre Gegenspieler. So entsteht Platz in den „Halbräumen".

Guardiola's eingerückte Außenverteidiger rücken ein und besetzen die „Halbräume".

„Halbräume"

„Halbräume"

Zielspieler sind die Offensiven Mittelfeldspieler (die kreativsten Spieler) in den „Halbräumen".

Created using SoccerTutor.com Tactics Manager

- Manchester City benutzt das 4-3-3 System mit ihren einrückenden Außenverteidigern, positioniert in den "Halbräumen", um beim Ballvortrag der Innenverteidiger zu den Offensiven Spielern zu helfen.

- Wenn die Offensiven Mittelfeldspieler von Manchester City den Ball in den "Halbräumen" annehmen und sich aufdrehen können, dann sollen sie versuchen einen Pass hinter die Abwehrkette des Gegners zu spielen.

- Beide Flügelspieler (19 & /) befinden sich in den Flügelzonen nahe der Außenlinie. So binden sie die gegnerischen Verteidiger und stellen sicher, dass sich genug Raum für ihre Mitspieler in den "Halbräumen" bietet.

- In diesem Beispiel, erhält der Defensive Mittelfeldspieler **Fernandinho (25)** ein Zuspiel vom eingerückten Rechtsverteidiger **Sagna (3)** und passt zum Offensiven Mittelfeldspieler **De Bruyne (17)** in den "Halbraum".

- Von hier aus hat **De Bruyne (17)** viele Optionen, um einen Pass in den Rücken der Abwehr zu spielen.

OFFENSIVE ANGRIFFSMUSTER (4-3-3)

AUFBAUSPIEL VOM ABSTOß AN (TRAININGSBEISPIELE)

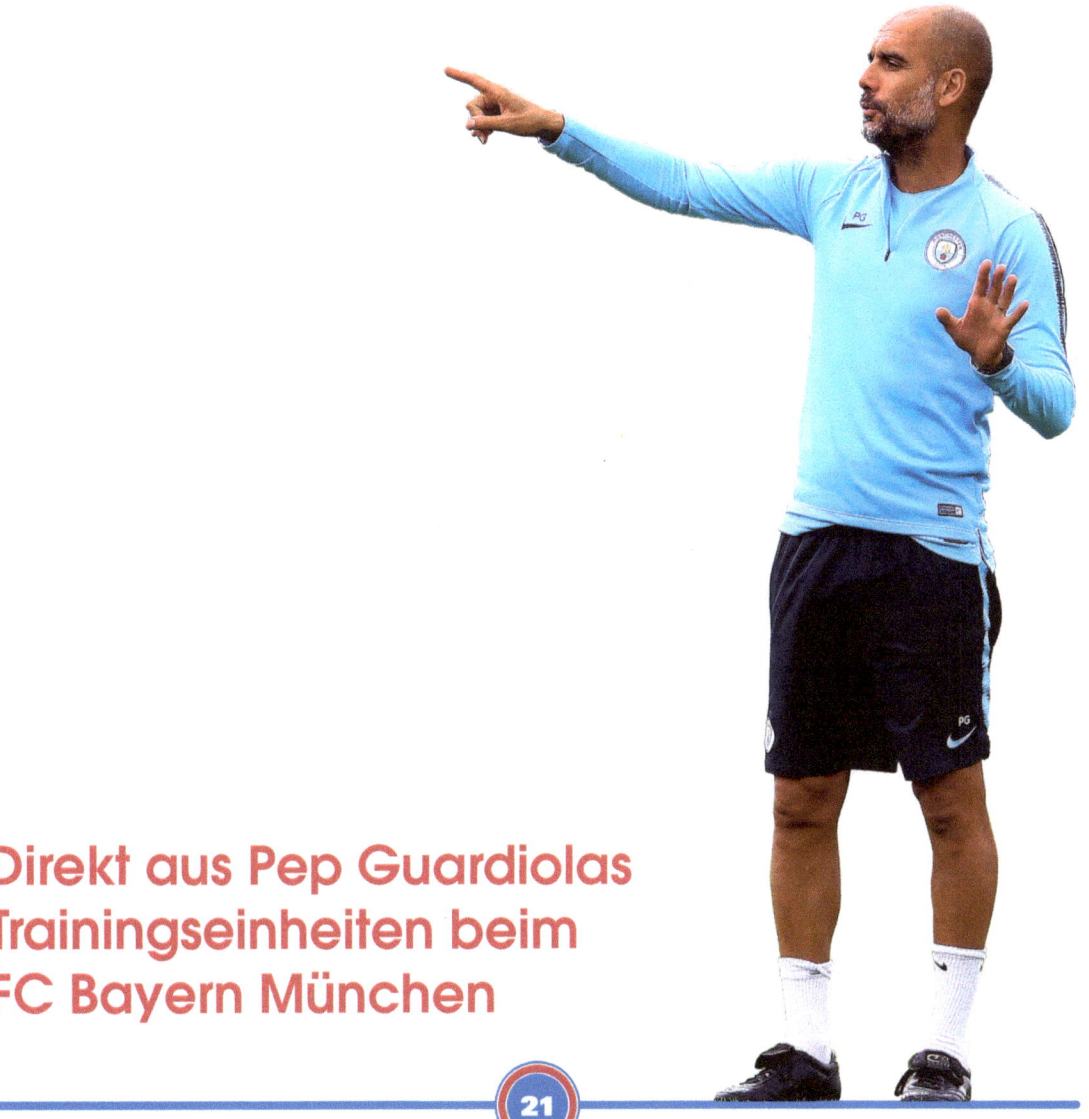

Direkt aus Pep Guardiolas Trainingseinheiten beim FC Bayern München

Pep Guardiola Übungen: Aufbauspiel vom Abstoß an (Trainingsbeispiele) (4-3-3)

Aufbauspiel vom Abstoß an Beispiel: 3vs3 auf Außen

Die folgenden Übungen in diesem Kapitel zeigen Pep Guardiolas offensive Bewegungsmuster in der gegnerischen Hälfte. Meistens, treffen Pep's Teams auf Gegner, die tief in der eigenen Hälfte verteidigen. Aus diesem Grund sind diese Muster sehr nützlich um Torchancen herauszuspielen und zu verwerten.

Hier zeigen wir ein Beispiel von einer Trainingseinheit aus Pep Guardiolas Zeit bei Bayern München (2015). Die Spieler üben den Spielaufbau ausgehend von einem Torabstoß in der eigenen Spielfeldhälfte.

A: Pass zum AV zugestellt und DM eng gedeckt

Ablauf (A)

Der TW passt zum Innenverteidiger (**IV**), der nach vorne dribbelt.

Der gegnerische Außenspieler verhindert den Pass zum Außenverteidiger (**AV**) und der Defensive Mittelfeldspieler (**DM**) ist eng gedeckt.

Der Mittelfeldaußen (**MA**) lässt sich fallen um angespielt werden zu können. Dabei zieht er einen Verteidiger mit sich.

Der **IV** passt zum **MA**, der mit einem Kontakt zum **AV** spielt. der **AV** sprintet nach vorne, erhält den Ball und dribbelt in den freigezogenen Raum.

Quelle: Pep Guardiolas Bayern München Trainingseinheit in Doha, Katar - 17. Januar 2015

Pep Guardiola Übungen: Aufbauspiel vom Abstoß an (Trainingsbeispiele) (4-3-3)

B: Pass zum DM zugestellt und AV eng gedeckt

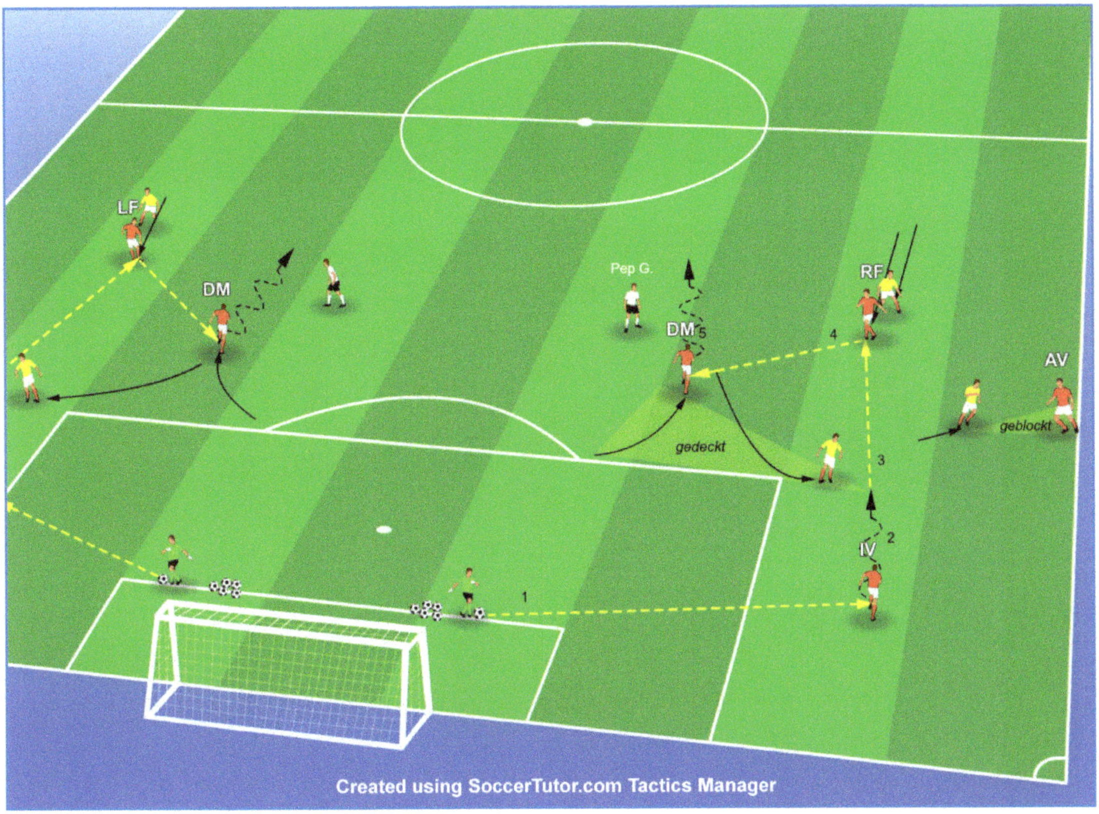

Ablauf (B)

In dieser Variation, ist der Pass zum Defensiven Mittelfeldspieler (**DM**) geblockt und der **AV** ist eng gedeckt.

Der **MA** lässt sich erneut fallen um anspielbar zu sein und zieht einen Verteidiger mit sich.

Der **IV** passt zum **MA**, der dieses mal mit einem Kontakt zum **DM** spielt.

Der **DM** sprintet nach vorne, erhält das Zuspiel und dribbelt in den freien Raum.

Quelle: Pep Guardiolas Bayern München Trainingseinheit in Doha, Katar - 17. Januar 2015

Pep Guardiola Übungen: Aufbauspiel vom Abstoß an (Trainingsbeispiele) (4-3-3)

C: Pass zum Flügelspieler zugestellt und DM eng gedeckt

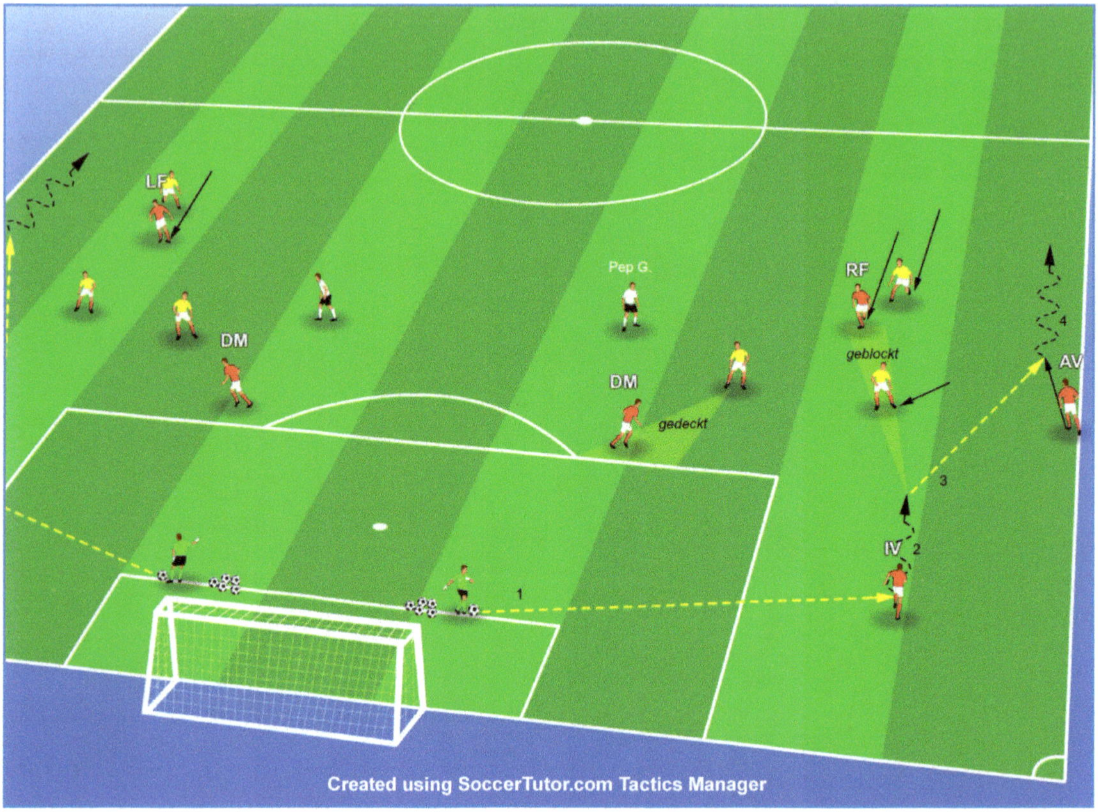

Ablauf (C)

In dieser Variation, wird der **DM** eng gedeckt.

Der **MA** lässt sich wieder fallen um anspielbar zu sein und zieht dabei seinen Verteidiger mit sich. Der gegnerische Flügelspieler rückt jedoch ein und verhindert ein Zuspiel.

Aus diesem Grund spielt der **IV** nach Außen auf den **AV**, der jetzt frei annehmen kann und mit dem Ball in den freien Raum vor sich dribbelt.

Quelle: Pep Guardiolas Bayern München Trainingseinheit in Doha, Katar - 17. Januar 2015

Offensive Angriffsmuster: 4-3-3 mit einrückenden Außenverteidigern

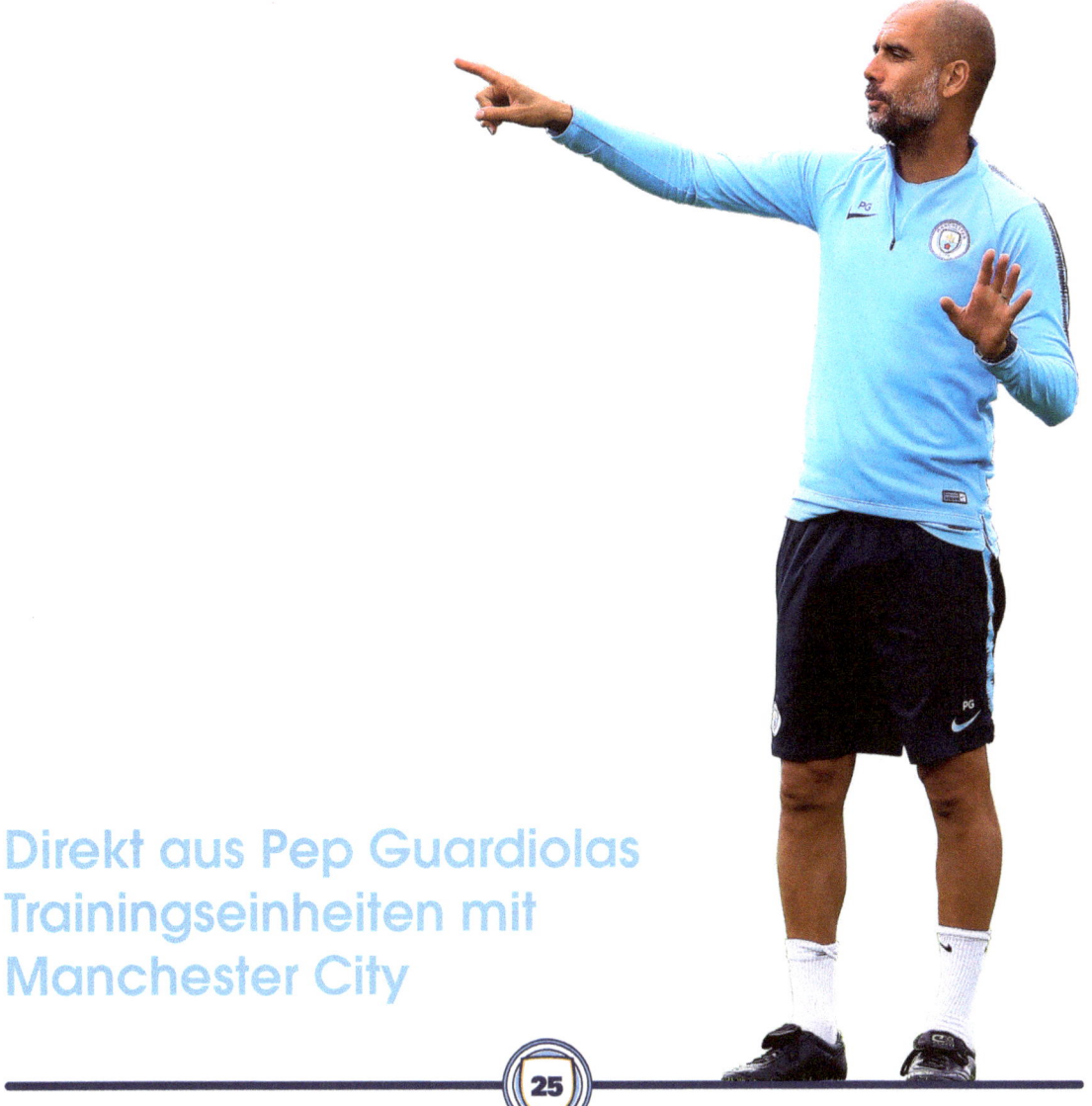

Direkt aus Pep Guardiolas Trainingseinheiten mit Manchester City

Pep Guardiolas Offensive Angriffsmuster: 4-3-3 mit einrückenden Außenverteidigern

"Was ich am meisten liebe, sind diejenigen, die behaupten, dass man in Deutschland oder der Premier League nicht so spielen könnte mit Silva, Bernardo, Agüero, die alle 1,70 Meter groß sind. Aber wir haben es geschafft. Indem wir wenig Tore kassiert und das Spiel durch Positionsspiel dominieret haben."

Quelle: Pep Guardiola Interview von Antoni Bassas für Daily ARA - veröffentlicht am 5. Juli 2019

Pep Guardiolas Offensive Angriffsmuster: 4-3-3 mit einrückenden Außenverteidigern

MANCHESTER CITYS 4-3-3 FORMATION

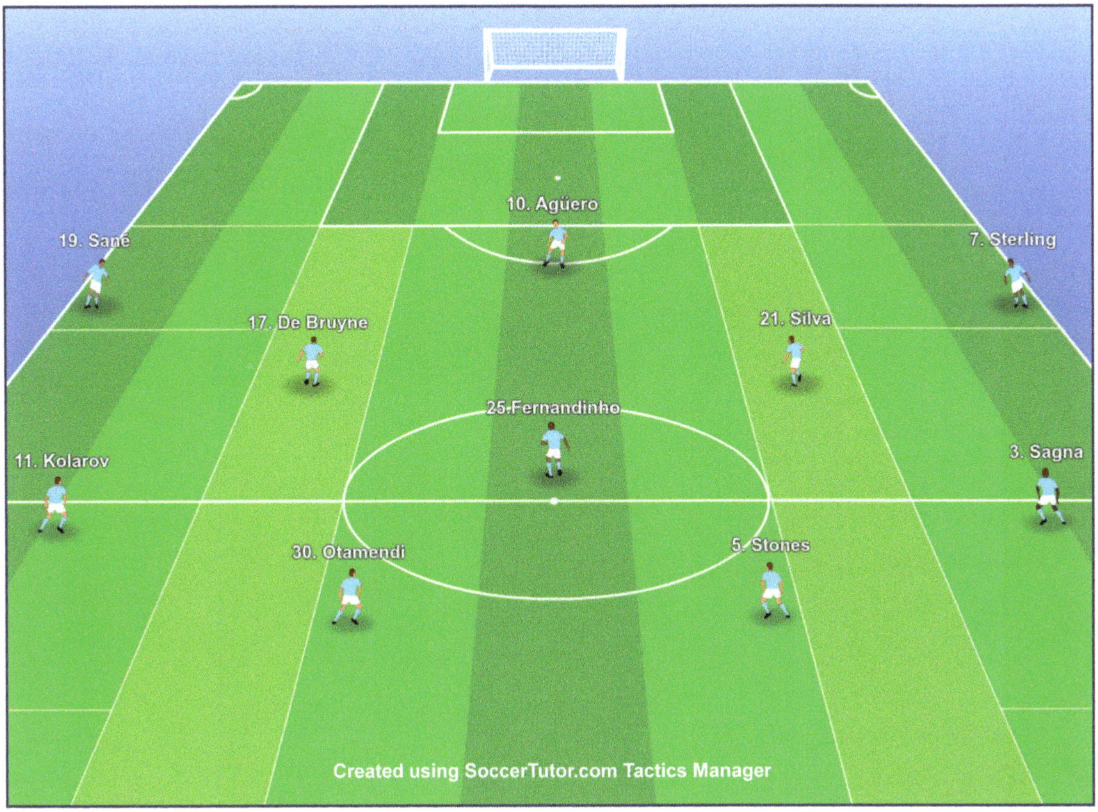

- **30. Otamendi:** Linker Innenverteidiger
- **5. Stones:** Rechter Innenverteidiger
- **11. Kolarov:** Linker Verteidiger
- **3. Sagna:** Rechter Verteidiger
- **25. Fernandinho:** Defensiver Mittelfeldspieler
- **17. De Bruyne:** Linker Offensiver Mittelfeldspieler
- **21. Silva:** Rechter Offensiver Mittelfeldspieler
- **19. Sané:** Linker Flügelspieler
- **7. Sterling:** Rechter Flügelspieler
- **10. Agüero:** Stürmer

Quelle: Pep Guardiolas Manchester City Trainingseinheit am Etihad Campus Trainingsgelände, Manchester - 12. Juli 2017

Pep Guardiolas Offensive Angriffsmuster: 4-3-3 mit einrückenden Außenverteidigern

MANCHESTER CITYS OFFENSIVE 2-3-2-3 FORMATION (4-3-3)

Created using SoccerTutor.com Tactics Manager

- In der Ballbesitzphase ändert Pep Guardiolas Manchester City Team seine Formation zu einem 2-3-2-3. Dadurch werden 4 Kurzes Kombinationsspiel kreiert durch die der Ball laufen gelassen werden kann.

- Diese Formation erlaubt den Außenverteidigern "einrückende Außenverteidiger" zu werden und eine Position in den "Halbräumen" einzunehmen (siehe nächste Seite).

- In dieser 2-3-2-3 Formation, kann der DM **Fernandinho (25)** in seiner zentralen Position bleiben.

- Die beiden Mittelfeldaußen **Sterling (7)** und **Sané (19)** stehen weit außen und binden dadurch ihre Gegenspieler. So entsteht Raum für ihre Mitspieler um ein Zuspiel in den "Halbräumen" verwerten zu können.

- Die IV's **Stones (5)** und **Otamendi (30)** passen zum IV oder den einrückenden AV. Diese spielen den Ball dann weiter vorwärts zu den Offensiven Mittelfeldspielern.

- Die Flügelspieler **Sterling (7)** und **Sané (19)** werden erst in der letzten Phase des Angriffs aktiv und bieten tiefe Läufe in den Rücken der Abwehr an. Sie schließen entweder selbst ab oder spielen flache Flanken in den Strafraum.

Quelle: Pep Guardiolas Manchester City Trainingseinheit am Etihad Campus Trainingsgelände, Manchester - 12. Juli 2017

Pep Guardiolas Offensive Angriffsmuster: 4-3-3 mit einrückenden Außenverteidigern

POSITIONIERUNG UND BALLANNAHME IN DEN HALBRÄUMEN (4-3-3)

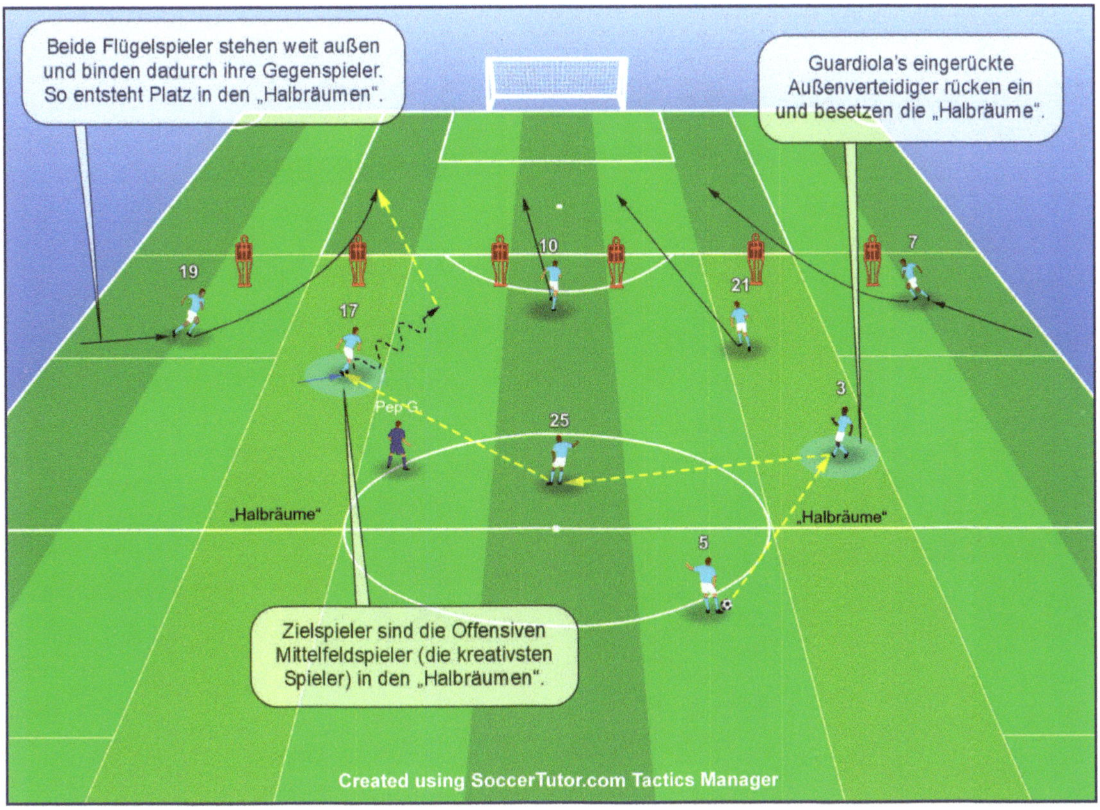

Beide Flügelspieler stehen weit außen und binden dadurch ihre Gegenspieler. So entsteht Platz in den „Halbräumen".

Guardiola's eingerückte Außenverteidiger rücken ein und besetzen die „Halbräume".

Zielspieler sind die Offensiven Mittelfeldspieler (die kreativsten Spieler) in den „Halbräumen".

- Wenn die Offensiven Mittelfeldspieler von Manchester City den Ball in den "Halbräumen" annehmen und sich aufdrehen können, dann sollen sie versuchen einen Pass hinter die Abwehrkette des Gegners zu spielen.

- Pep Guardiola möchte, dass seine Flügelspieler **(19 & 7)** weit außen stehen und dadurch die gegnerischen Verteidiger binden. So entsteht Platz für die Offensiven Mittelfeldspieler um in den "Halbräumen" in Ballbesitz zu gelangen.

- Zudem möchte er, dass seine eingerückten AV - **Sagna (3)** in dieser Abbildung - in den "Halbräumen" in Ballbesitz gelangen und somit am Aufbauspiel zwischen den Kurzes Kombinationsspiel beteiligt sind.

- In diesem Beispiel nutzt Manchester City die 4-3-3 Formation und die eingerückten AV's **Sagna (3)** passt zum Defensiven Mittelfeldspieler (DM) **Fernandinho (25)**, der passt dann zum Offensiven Mittelfeldspieler (OM) **De Bruyne (17)** im "Halbraum".

- Jetzt kann **De Bruyne (17)** einen Ball in die Tiefe spielen. In dieser Abbildung dribbelt er nach Innen und spielt einen Pass in die Schnittstelle zum Linken Flügelspieler **Sané (19)**.

Quelle: Pep Guardiolas Manchester City Trainingseinheit am Etihad Campus Trainingsgelände, Manchester - 12. Juli 2017

Pep Guardiolas Offensive Angriffsmuster: 4-3-3 mit einrückenden Außenverteidigern

PEP GUARDIOLAS TRAININGSAUFBAU
(EINGERÜCKTE AUßENVERTEIDIGER)

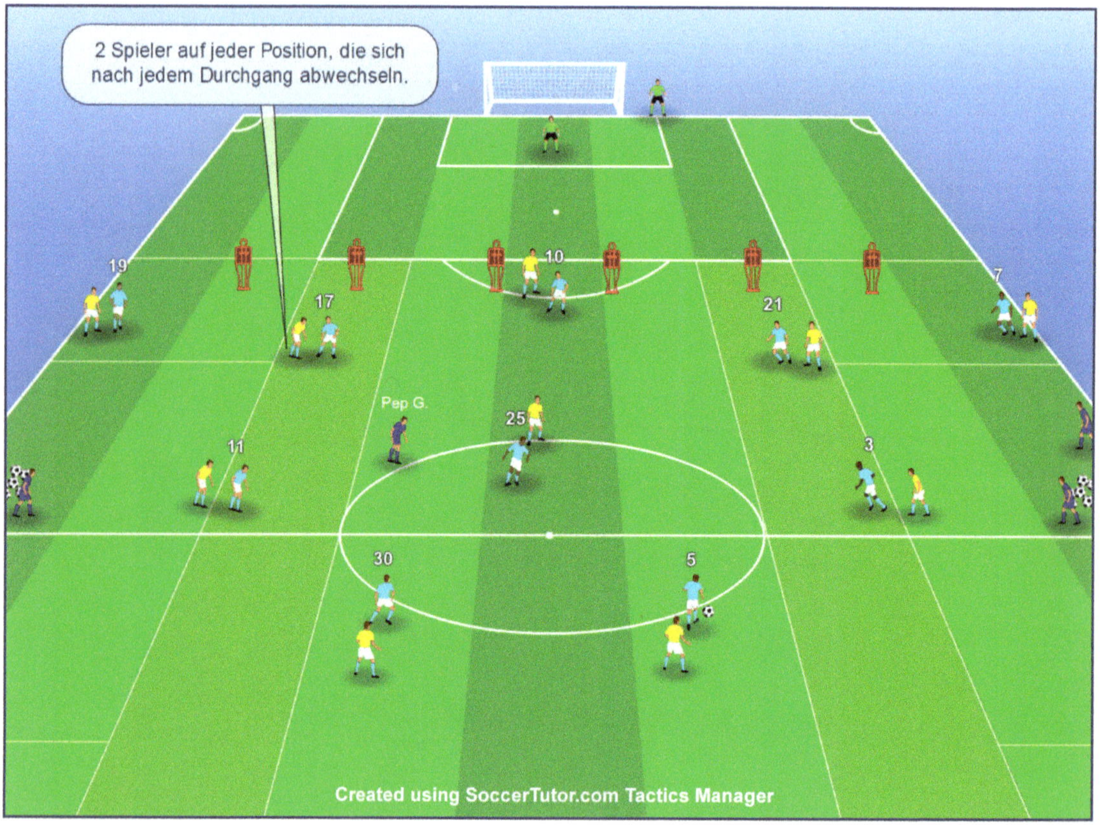

2 Spieler auf jeder Position, die sich nach jedem Durchgang abwechseln.

- Diese Abbildung zeigt Pep Guardiolas Trainingsaufbau um Offensive Angriffsmuster im 4-3-3 mit einrückenden AV einzustudieren.

- Auf beiden Seiten stehen Trainer. Diese passen den Ball zu den IV's um die Übung zu beginnen.

- Es gibt zusätzlich 6 Dummys in einer Linie außerhalb des Strafraums.

- Jede Position ist doppelt besetzt. Dadurch entstehen 2 Teams à 10 Feldspieler um die Muster einzuüben.

- Die beiden Teams spielen die angesagten Muster abwechselnd durch. Sobald das eine Team fertig ist, joggt es zurück zu den Ausgangspositionen und das nächste Team beginnt.

Quelle: Pep Guardiolas Manchester City Trainingseinheit am Etihad Campus Trainingsgelände, Manchester - 12. Juli 2017

©SOCCERTUTOR.COM Pep Guardiola: Direkte Übungen aus Pep's Trainingseinheiten - Teil 1

Pep Guardiolas Offensive Angriffsmuster: 4-3-3 mit einrückenden Außenverteidigern

1. Kombinationsspiel durch das Zentrum

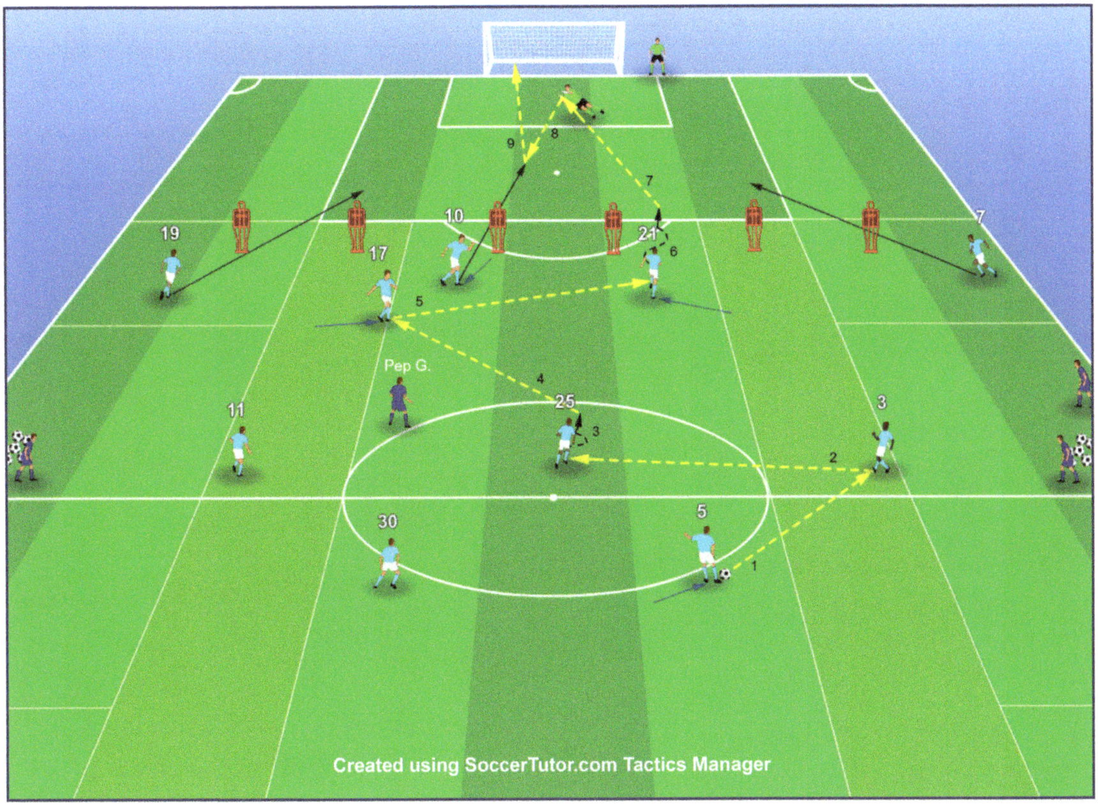

Ablauf

1. Der Rechte Innenverteidiger (5) passt zum eingerückten Rechtsverteidiger (3).
2. (3) passt nach Innen zum Defensiven Mittelfeldspieler (25).
3. (25) nimmt den Ball an und dribbelt nach vorne.
4. (25) spielt einen Diagonalen Pass zum Offensiven Mittelfeldspieler (17) in den "Halbraum".
5. (17) setzt sich leicht nach Innen ab und passt zum anderen Offensiven Mittelfeldspieler (21) in die Bewegung.
6. (21) bewegt sich ebenso nach Innen, nimmt den Ball an und dribbelt nach vorne in den Strafraum.
7. (21) versucht ein Tor zu schießen.
8. Der Stürmer (10) und beide Flügelspieler (19 und 7) dringen in den Strafraum ein und lauern auf einen möglichen Nachschuss.

Quelle: Pep Guardiolas Manchester City Trainingseinheit am Etihad Campus Trainingsgelände, Manchester - 12. Juli 2017

Pep Guardiolas Offensive Angriffsmuster: 4-3-3 mit einrückenden Außenverteidigern

2. Offensiver Mittelfeldspieler erhält Zuspiel vom Stürmer und Spielt Pass in die Schnittstelle auf den Flügelspieler

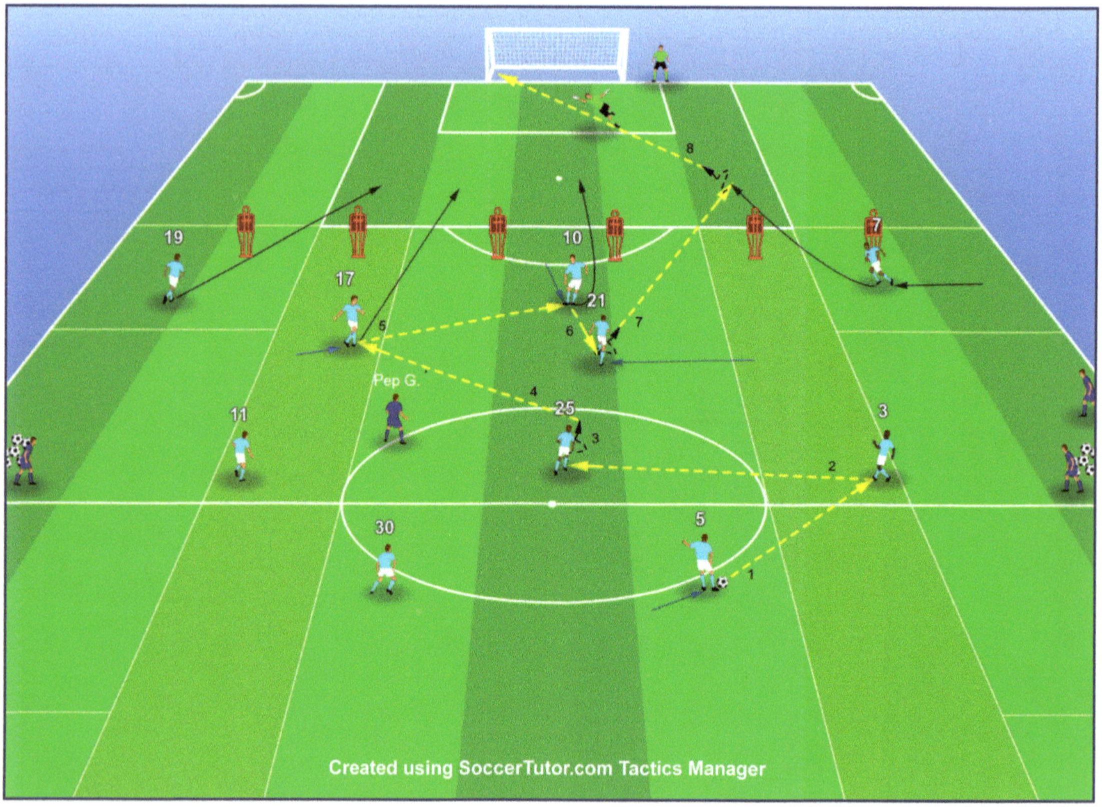

Ablauf

1. Der Rechte Innenverteidiger (5) passt zum eingerückten Rechtsverteidiger (3).

2. (3) passt nach Innen zum Defensiven Mittelfeldspieler (25).

3. (25) nimmt den Ball an und dribbelt nach vorne.

4. (25) spielt einen Diagonalen Pass zum Offensiven Mittelfeldspieler (17) in den "Halbraum".

5. (17) passt zu (10) ins Zentrum.

6. (10) legt den Ball zurück auf (21), der sich in die Mitte bewegt um wieder anspielbar zu sein.

7. (21) nimmt den Ball an, dreht sich auf und spielt einen Diagonalball in den Rücken der Abwehr zu (7).

8. (7) nimmt den Ball und versucht ein Tor zu schießen.

Quelle: Pep Guardiolas Manchester City Trainingseinheit am Etihad Campus Trainingsgelände, Manchester - 12. Juli 2017

Pep Guardiolas Offensive Angriffsmuster: 4-3-3 mit einrückenden Außenverteidigern

3. Offensiver Mittelfeldspieler im Halbraum dribbelt nach Innen und Spielt Pass in die Schnittstelle auf den Flügelspieler

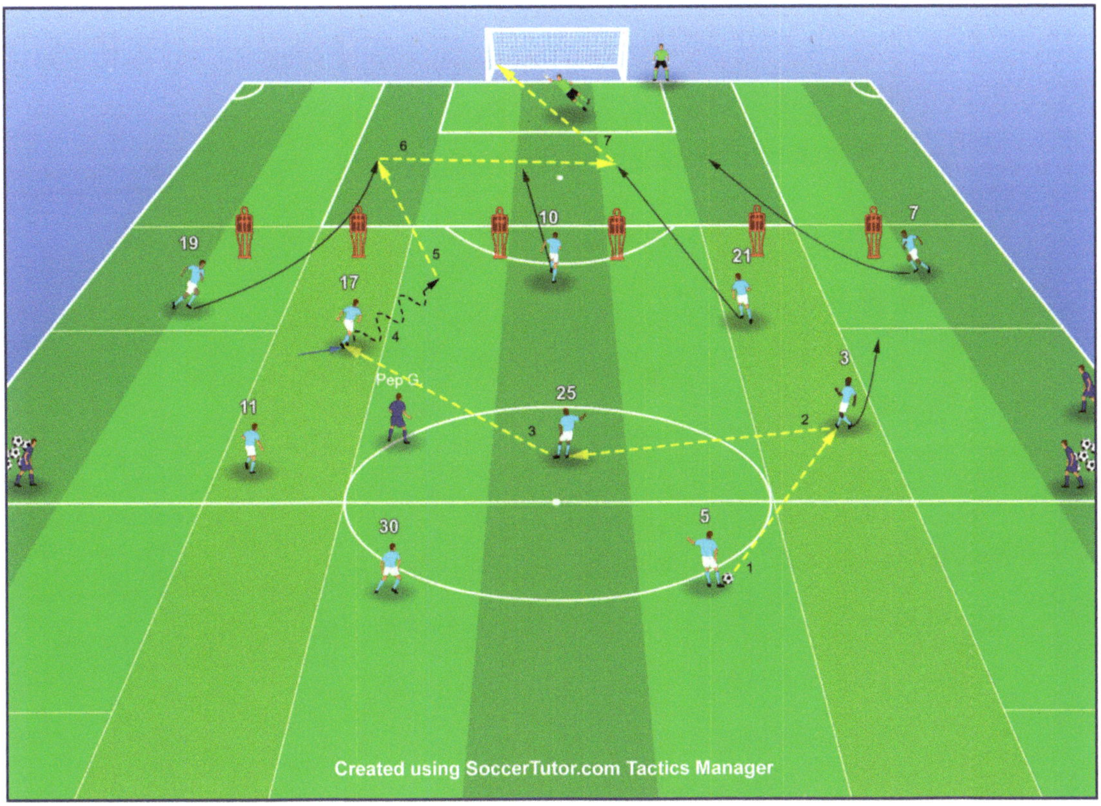

Ablauf

1. Der Rechte Innenverteidiger (5) passt zum eingerückten Rechtsverteidiger (3).

2. (3) passt nach Innen zum Defensiven Mittelfeldspieler (25).

3. (25) spielt einen Diagonalen Pass zum Offensiven Mittelfeldspieler (17) in den "Halbraum".

4. (17) bewegt sich nach Innen und treibt den Ball nach vorne.

5. (17) spielt einen Pass in die Schnittstelle in den Lauf zum Linken Flügelspieler (19).

6. (19) legt den Ball zurück auf seine nachrückenden Mitspieler. (21), (10) und (7) bieten allesamt Läufe in den Strafraum an.

7. In dieser Beispiel wird der Ball auf die (21) gespielt. (21) probiert aus zentraler Position heraus abzuschließen.

Quelle: Pep Guardiolas Manchester City Trainingseinheit am Etihad Campus Trainingsgelände, Manchester - 12. Juli 2017

Pep Guardiolas Offensive Angriffsmuster: 4-3-3 mit einrückenden Außenverteidigern

4. Offensiver Mittelfeldspieler erhält Zuspiel vom Stürmer und sucht selbst den Abschluss

Ablauf

1. Der Rechte Innenverteidiger (5) passt zum eingerückten Rechtsverteidiger (3).

2. (3) passt nach Innen zum Defensiven Mittelfeldspieler (25).

3. (25) passt zu (10), der sich leicht in den freien Raum fallen lässt.

4. Der Offensive Mittelfeldspieler (21) bewegt sich leicht seitlich um das Zuspiel vom Stürmer erhalten zu können.

5. (21) dribbelt nach vorne in den Strafraum.

6. (21) probiert ein Tor zu schießen.

Quelle: Pep Guardiolas Manchester City Trainingseinheit am Etihad Campus Trainingsgelände, Manchester - 12. Juli 2017

Pep Guardiolas Offensive Angriffsmuster: 4-3-3 mit einrückenden Außenverteidigern

5. Offensiver Mittelfeldspieler spielt den Ball nach Ablage eines Stürmers zum Flügelspieler

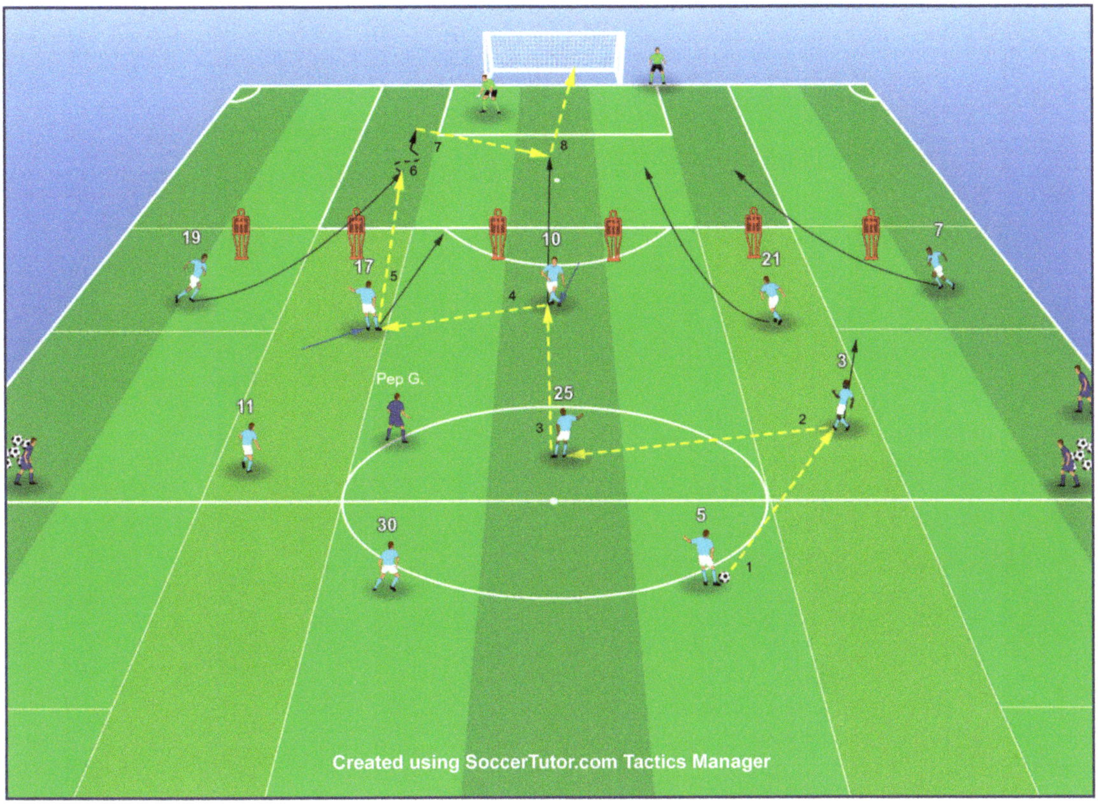

Ablauf

1. Der Rechte Innenverteidiger (5) passt zum eingerückten Rechtsverteidiger (3).

2. (3) passt nach Innen zum Defensiven Mittelfeldspieler (25).

3. (25) passt zu (10), der sich leicht in den freien Raum fallen lässt.

4. (10) passt zu (17) in den "Halbraum"

5. (17) spielt einen Pass in die Schnittstelle in den Lauf zum Linken Flügelspieler (19).

6. (19) dribbelt mit dem Ball nach vorne.

7. (19) legt den Ball zurück auf seine nachrückenden Mitspieler. (21), (10) und (7) bieten allesamt Läufe in den Strafraum an.

8. In diesem Beispiel wird der Ball zum Stürmer (10) zurückgelegt der probiert aus zentraler Position heraus abzuschließen.

Quelle: Pep Guardiolas Manchester City Trainingseinheit am Etihad Campus Trainingsgelände, Manchester - 12. Juli 2017

Pep Guardiolas Offensive Angriffsmuster: 4-3-3 mit einrückenden Außenverteidigern

6. Defensiver Mittelfeldspieler passt zum Stürmer. Der legt den Ball für einen Pass in die Schnittstelle zum Offensiven Mittelfeldspieler auf

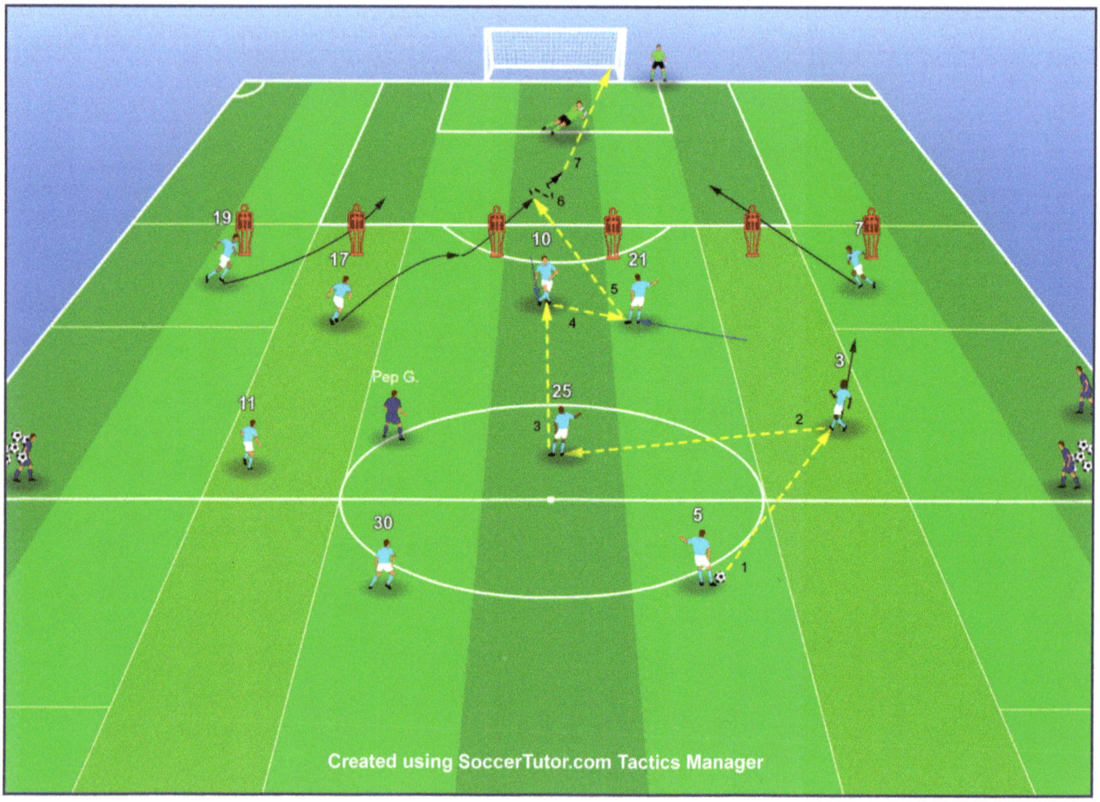

Ablauf

1. Der Rechte Innenverteidiger (5) passt zum eingerückten Rechtsverteidiger (3).

2. (3) passt nach Innen zum Defensiven Mittelfeldspieler (25).

3. (25) passt zu (10), der sich leicht in den freien Raum fallen lässt.

4. Der Offensive Mittelfeldspieler (21) bewegt sich nach Innen und erhält das Zuspiel vom Stürmer.

5. (21) spielt einen Pass in die Schnittstelle zwischen den beiden Zentralen Dummys hindurch auf den anderen Offensiven Mittelfeldspieler (17).

6. (17) erhält das Zuspiel und kontrolliert den Ball.

7. (17) probiert ein Tor zu schießen.

Quelle: Pep Guardiolas Manchester City Trainingseinheit am Etihad Campus Trainingsgelände, Manchester - 12. Juli 2017

Pep Guardiolas Offensive Angriffsmuster: 4-3-3 mit einrückenden Außenverteidigern

7. Außenverteidiger passt zum Stürmer. Der legt den Ball für einen Pass in die Schnittstelle zum Offensiven Mittelfeldspieler ab

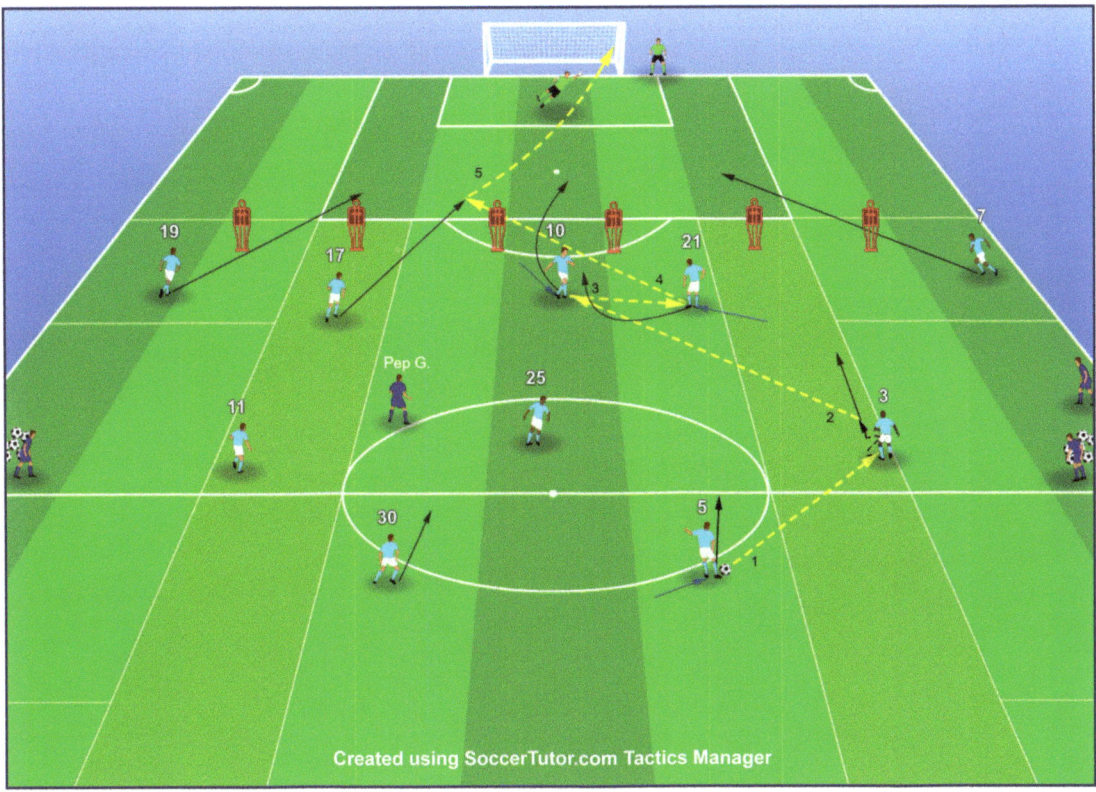

Ablauf

1. Der Rechte Innenverteidiger (5) passt zum eingerückten Rechtsverteidiger (3).

2. (3) nimmt den Ball nach vorne mit und spielt einen Diagonalball auf den entgegenkommenden Stürmer (10).

3. (10) passt zu (21), der sich für ein Zuspiel in der Mitte anspielbar gemacht hat.

4. (21) spielt einen Pass in die Schnittstelle zwischen den beiden Zentralen Dummys hindurch auf den anderen Offensiven Mittelfeldspieler (17).

5. (17) nimmt den Ball im Sechzehner an und versucht ein Tor zu schießen.

Quelle: Pep Guardiolas Manchester City Trainingseinheit am Etihad Campus Trainingsgelände, Manchester - 12. Juli 2017

Pep Guardiolas Offensive Angriffsmuster: 4-3-3 mit einrückenden Außenverteidigern

8. Defensiver Mittelfeldspieler spielt Diagonalen Flugball zum einlaufenden Flügelspieler

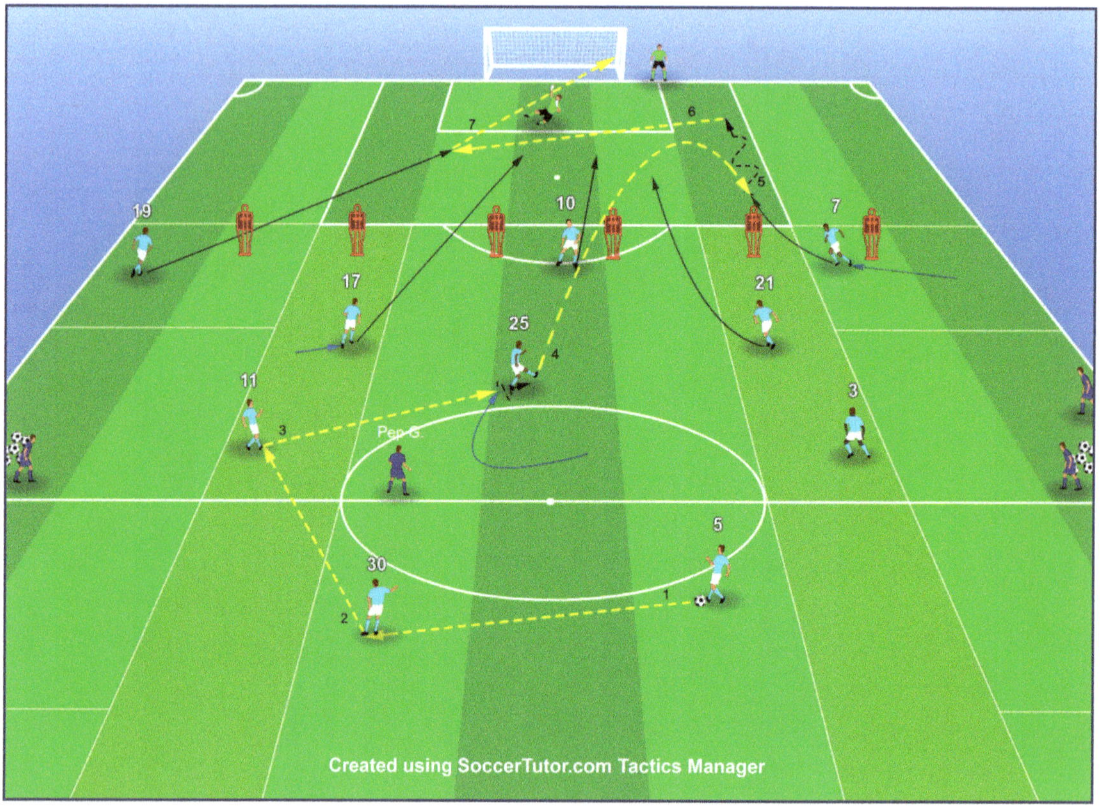

Ablauf

1. Der Rechte Innenverteidiger (5) passt zum Linken Innenverteidiger (30).

2. (30) passt zum eingerückten Linksverteidiger (11).

3. (11) passt nach Innen zum Defensiven Mittelfeldspieler (25), der sich mit einem Bogenlauf leicht nach vorne abgesetzt hat.

4. (25) erhält das Zuspiel, dreht auf und spielt einen Flugball zum Rechten Flügelspieler (7).

5. (7) nimmt den Ball an und dribbelt nach vorne.

6. (19) legt den Ball zurück auf seine nachrückenden Mitspieler. (21), (10) und (7) bieten allesamt Läufe in den Strafraum an.

7. In diesem Beispiel wird der Ball auf (19) zurückgelegt.

Quelle: Pep Guardiolas Manchester City Trainingseinheit am Etihad Campus Trainingsgelände, Manchester - 12. Juli 2017

Pep Guardiolas Offensive Angriffsmuster: 4-3-3 mit einrückenden Außenverteidigern

Offensive Angriffsmuster im Training - Abwandlung: Hinzunahme eines Verteidigers und 2 Mittelfeld-Dummys

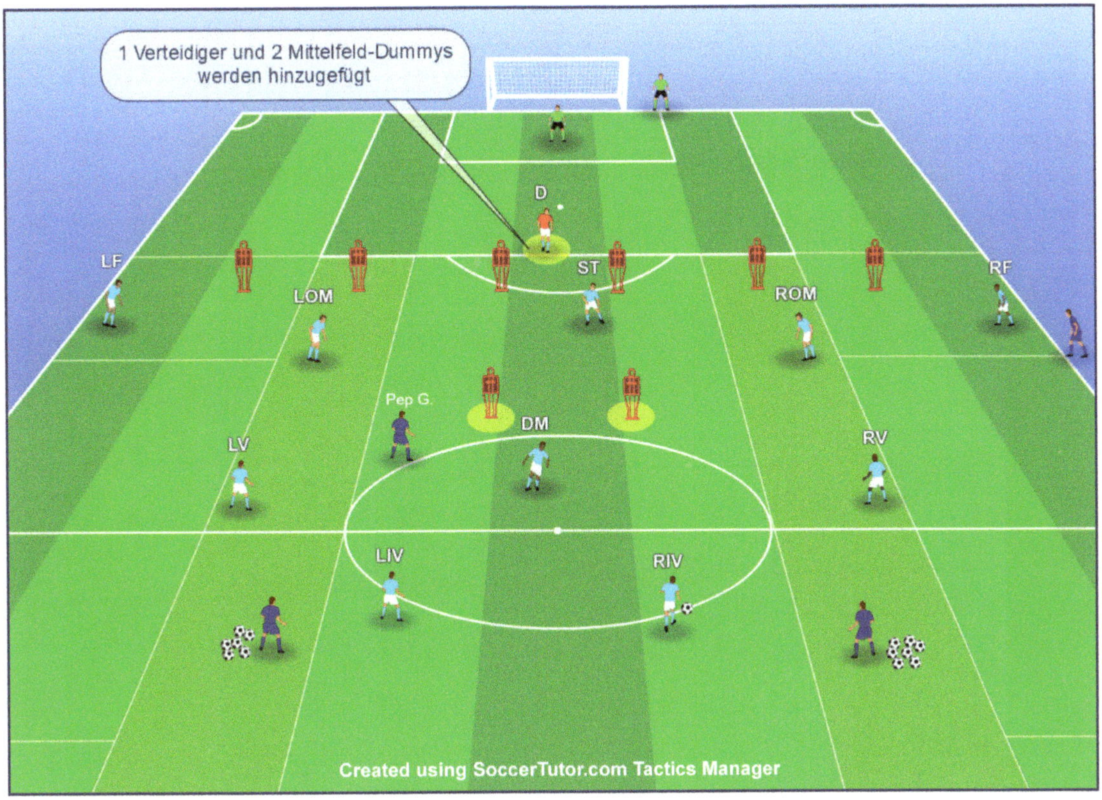

- Diese Variation von Pep Guardiolas Offensiven Angriffsmustern zeigt eine Abwandlung der vorherigen Übung. Das Abschließen der Angriffe wird von einem Verteidiger und zwei Dummys im Mittelfeld behindert.

- Die Spieler üben die gleichen Muster ein, werden dabei jedoch von einem Verteidiger gestört sobald sie im Strafraum zum Abschluss kommen wollen.

- Dabei kann es sich entweder um eine 1vs1 Situation handeln oder der Verteidiger blockt eine flache Hereingabe ins Zentrum.

- In dieser Variation werden zusätzlich 2 Mittelfeld Dummys aufgestellt um eine spielnähere Situation zu erzeugen. Die Dummys verstellen Passwege nach vorne.

Quelle: Pep Guardiolas Manchester City Trainingseinheit am Etihad Campus Trainingsgelände, Manchester - 8. Mai 2018

Offensive Angriffsmuster:
4-3-3 mit "gewöhnlichen" Außenverteidigern

Direkt aus Pep Guardiolas Trainingseinheiten mit Manchester City

Pep Guardiolas Offensive Angriffsmuster: 4-3-3 mit "gewöhnlichen" Außenverteidigern

"Er ist ein Genie, der das Spiel liest und jede erdenkliche Situation abdeckt. Er zeigt uns immer, wie wir Räume schaffen und Lösungen finden können, und es gibt keinen Trainer wie ihn, was ihn wahrscheinlich zum besten der Welt macht."

(Ilkay Gündoğan)

Pep Guardiolas Offensive Angriffsmuster: 4-3-3 mit "gewöhnlichen" Außenverteidigern

PEP GUARDIOLAS TRAININGSAUFBAU ("GEWÖHNLICHE" AUßENVERTEIDIGER)

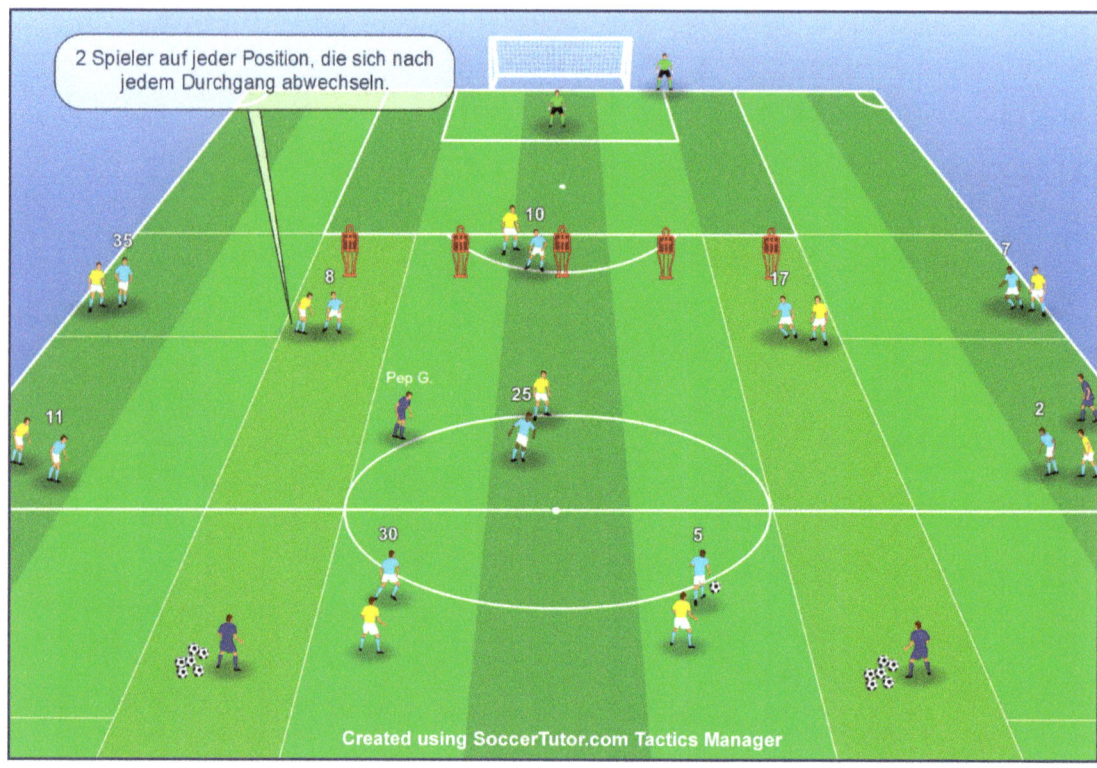

- Diese Abbildung zeigt Pep Guardiolas Trainingsaufbau um Offensive Angriffsmuster im 4-3-3 mit "gewöhnlichen" Außenverteidigern (AV) einzustudieren.

- Außerhalb des Strafraums befinden sich 5 Dummys. Diese als auf den bisherigen Seiten dieses Buchs.

- Jede Position ist doppelt besetzt. Dadurch entstehen 2 Teams à 10 Feldspieler um die Muster einzuüben. Beide Teams spielen die Muster unter Anleitung von Pep Guardiola abwechselnd durch.

- Die Spieler unterscheiden sich ebenso von den bisherigen Mustern:

- **30. Otamendi:** Linker Innenverteidiger
- **5. Stones:** Rechter Innenverteidiger
- **11. Kolarov:** Linker Verteidiger
- **2. Walker:** Rechter Verteidiger
- **25. Fernandinho:** Defensiver Mittelfeldspieler
- **8. Gündoğan:** Linker Offensiver Mittelfeldspieler
- **17. De Bruyne:** Rechter Offensiver Mittelfeldspieler
- **35. Zinchenko:** Linker Flügelspieler
- **7. Sterling:** Rechter Flügelspieler
- **10. Agüero:** Stürmer

Quelle: Pep Guardiolas Manchester City Trainingseinheit (Vorbereitung) NRG Stadion, Houston, Texas, USA - 20. Juli 2017

Pep Guardiolas Offensive Angriffsmuster: 4-3-3 mit "gewöhnlichen" Außenverteidigern

1. Defensiver Mittelfeldspieler passt zum Stürmer. Der legt den Ball für einen Pass in die Schnittstelle zum Offensiven Mittelfeldspieler auf

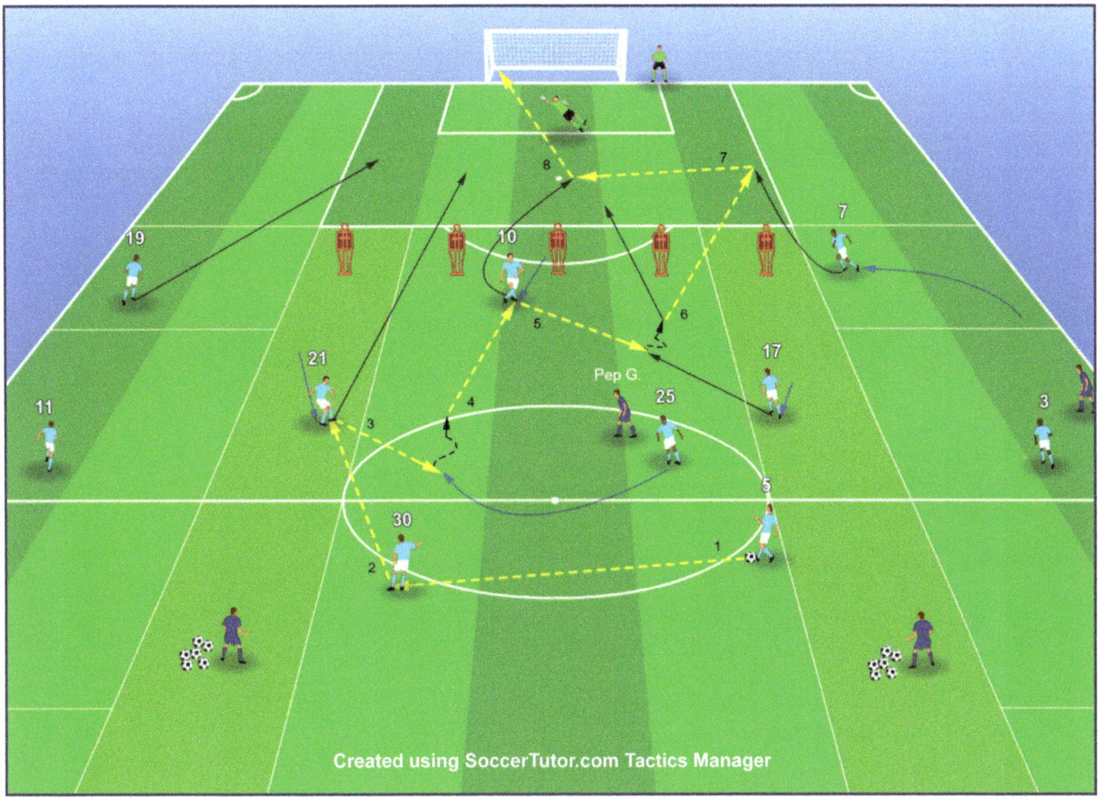

Ablauf

1. Der Rechte Innenverteidiger (5) passt zum Linken Innenverteidiger (30).

2. (30) passt zum Offensiven Mittelfeldspieler (21) in den "Halbraum".

3. Der Defensive Mittelfeldspieler (25) bewegt sich mit einem Bogenlauf in Ballnähe und erhält ein Zuspiel.

4. (25) nimmt den Ball an, dribbelt nach vorne und passt zum Stürmer (10).

5. (10) legt den Ball zurück auf (17), der sich in die Mitte bewegt um wieder anspielbar zu sein.

6. (17) nimmt den Ball an, dreht sich auf und spielt einen Diagonalball in den Rücken der Abwehr zu (7).

7. (7) nimmt den Ball an und spielt eine flache Hereingabe für die einlaufenden Mitspieler in den Strafraum.

8. Der Offensive Mittelfeldspieler (21), beide Flügelspieler (19 und 7), sowie der Stürmer (10) laufen alle in den Strafraum und versuchen ein Tor zu erzielen. In diesem Beispiel kommt (10) zu einem Abschluss.

Quelle: Pep Guardiolas Manchester City Trainingseinheit (Vorbereitung) NRG Stadion, Houston, Texas, USA - 20. Juli 2017

Pep Guardiolas Offensive Angriffsmuster: 4-3-3 mit "gewöhnlichen" Außenverteidigern

2. Stürmer bietet sich nach Pass auf den Offensiven Mittelfeldspieler für ein Zuspiel an

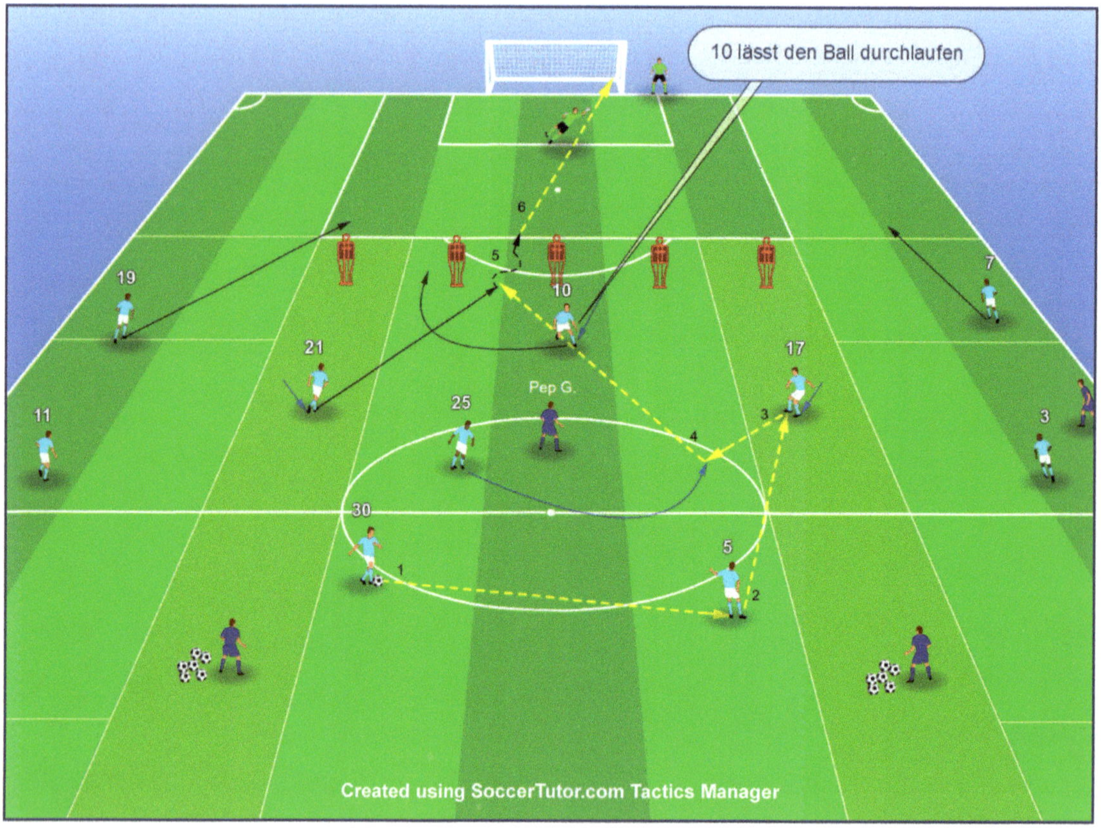

Ablauf

1. Der Linke Innenverteidiger (30) passt zum Rechten Innenverteidiger (5).

2. (5) passt zum Offensiven Mittelfeldspieler (17) in den "Halbraum".

3. Der Defensive Mittelfeldspieler (25) bewegt sich mit einem Bogenlauf in Ballnähe und erhält ein Zuspiel.

4. (25) passt zum Stürmer (10), der den Ball aber durchlaufen lässt.

5. Der andere Offensive Mittelfeldspieler (21) läuft in den Rücken von (10) um den durchlaufenden Ball zu erhalten und dribbelt nach vorne.

6. (21) schießt aufs Tor.

Quelle: Pep Guardiolas Manchester City Trainingseinheit (Vorbereitung) NRG Stadion, Houston, Texas, USA - 20. Juli 2017

Pep Guardiolas Offensive Angriffsmuster: 4-3-3 mit "gewöhnlichen" Außenverteidigern

3. Stürmer erhält Zuspiel und Spielt Pass in die Schnittstelle für den einlaufenden Offensiven Mittelfeldspieler

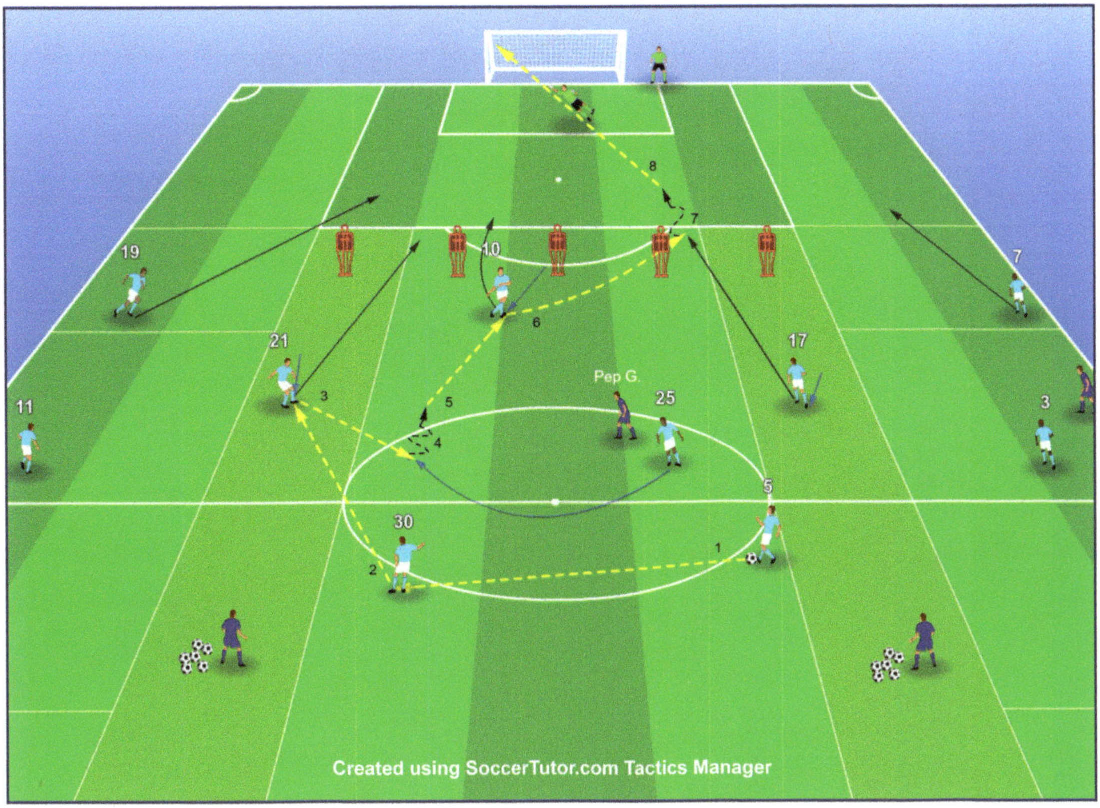

Ablauf

1. Der Rechte Innenverteidiger (5) passt zum Linken Innenverteidiger (30).

2. (30) passt zum Offensiven Mittelfeldspieler (21) in den "Halbraum".

3. Der Defensive Mittelfeldspieler (25) bewegt sich mit einem Bogenlauf in Ballnähe und erhält ein Zuspiel.

4. (25) nimmt den Ball an und dribbelt nach vorne.

5. (25) passt zum Stürmer (10).

6. (10) kommt entgegen und spielt einen Direkten Pass in die Schnittstelle zum Offensiven Mittelfeldspieler (17).

7. (17) dribbelt in den Strafraum.

8. (17) versucht ein Tor zu schießen.

Quelle: Pep Guardiolas Manchester City Trainingseinheit (Vorbereitung) NRG Stadion, Houston, Texas, USA - 20. Juli 2017

Pep Guardiolas Offensive Angriffsmuster: 4-3-3 mit "gewöhnlichen" Außenverteidigern

8. Defensiver Mittelfeldspieler kombinieren im Zentrum, dann Diagonaler Flugball zum einlaufenden Flügelspieler

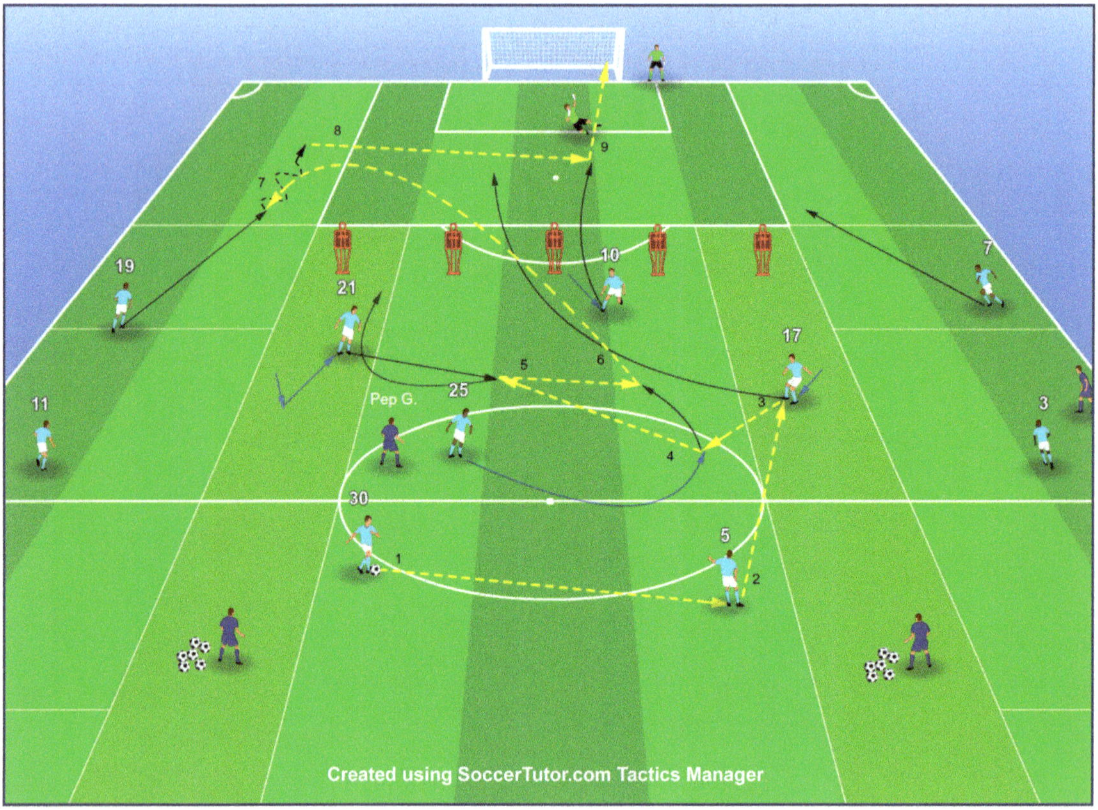

Ablauf

1. Der Linke Innenverteidiger (30) passt zum Rechten Innenverteidiger (5).
2. (5) passt zum Offensiven Mittelfeldspieler (17) in den "Halbraum".
3. Der Defensive Mittelfeldspieler (25) bewegt sich mit einem Bogenlauf in Ballnähe und erhält ein Zuspiel.
4. (25) passt zum Offensiven Mittelfeldspieler (21), der sich für ein Zuspiel in der Mitte anbietet.
5. (25) geht seinem Pass nach und bekommt den Ball zurückgespielt.
6. (25) spielt einen Diagonalball in den Rücken der Abwehr zum Linken Flügelspieler (19).
7. (19) dribbelt mit dem Ball nach vorne.
8. (19) spielt eine flache Hereingabe für die einlaufenden Mitspieler in den Strafraum.
9. Der Stürmer (10) kommt aus Zentraler Position zum Abschluss.

Quelle: Pep Guardiolas Manchester City Trainingseinheit (Vorbereitung) NRG Stadion, Houston, Texas, USA - 20. Juli 2017

Offensive Angriffsmuster (4-3-3)

Direkt aus Pep Guardiolas Trainingseinheiten mit dem FC Barcelona

Pep Guardiola Trainingsübungen: Offensive Angriffsmuster (4-3-3)

"Ich hatte einen einzigartigen Meister. Ich bin mit Pep als Spieler sehr gewachsen und habe viel von ihm gelernt. Manche Trainer sind hervorragende Taktiker, aber Pep hat auch beschrieben, welche Spielzüge man auf dem Platz machen muss und was dann passieren wird. Und das tat es!"

(Lionel Messi)

Pep Guardiola Trainingsübungen: Offensive Angriffsmuster (4-3-3)

PEP GUARDIOLAS FC BARCELONA FORMATION (4-3-3)

- **4:** Linker Innenverteidiger
- **5:** Rechter Innenverteidiger
- **3:** Linker Verteidiger
- **2:** Rechter Verteidiger
- **6:** Defensiver Mittelfeldspieler

- **10:** Linker Offensiver Mittelfeldspieler
- **8:** Rechter Offensiver Mittelfeldspieler
- **11:** Linker Flügelspieler
- **7:** Rechter Flügelspieler
- **9:** Stürmer

Quelle: Pep Guardiolas Trainingseinheiten beim FC Barcelona B (2007-08)

Pep Guardiola Trainingsübungen: Offensive Angriffsmuster (4-3-3)

POSITIONIERUNG UND BALLANNAHME IN DEN HALBRÄUMEN (4-3-3)

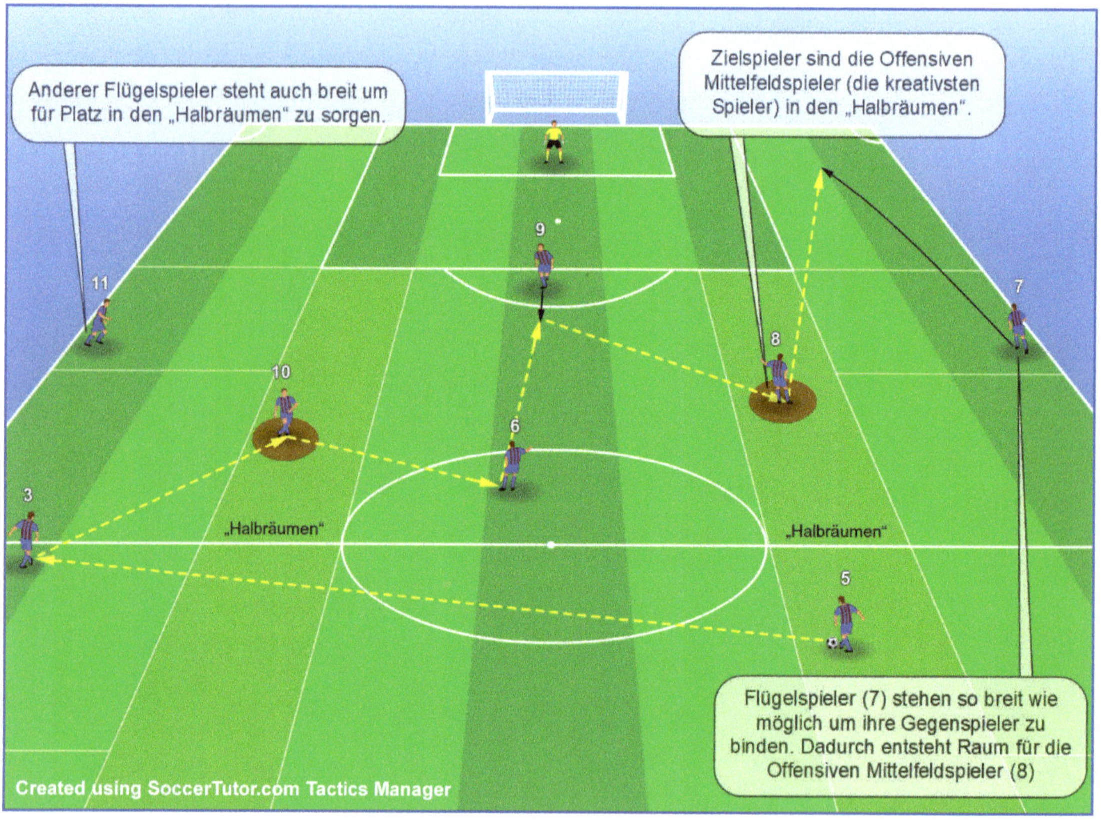

Anderer Flügelspieler steht auch breit um für Platz in den „Halbräumen" zu sorgen.

Zielspieler sind die Offensiven Mittelfeldspieler (die kreativsten Spieler) in den „Halbräumen".

Flügelspieler (7) stehen so breit wie möglich um ihre Gegenspieler zu binden. Dadurch entsteht Raum für die Offensiven Mittelfeldspieler (8)

- Wenn die Offensiven Mittelfeldspieler den Ball in den "Halbräumen" annehmen und sich aufdrehen können, dann sollen sie versuchen einen Pass hinter die Abwehrkette des Gegners zu spielen.

- Pep Guardiola möchte, dass seine Flügelspieler **(7 & 11)** weit außen stehen und dadurch die gegnerischen Verteidiger binden. Dadurch bietet sich Platz für die Offensiven Mittelfeldspieler um in den "Halbräumen" in Ballbesitz zu gelangen.

- In diesem Beispiel spielt der FC Barcelona im 4-3-3 und der Defensive Mittelfeldspieler **(6)** passt zum entgegenkommenden Stürmer **(9)**, der den Ball auf den Offensiven Mittelfeldspieler **(8)** in den "Halbraum" spielt.

- **(8)** hat jetzt mehrere Optionen einen tiefen Ball zu spielen.

- In diesem Beispiel spielt **(8)** einen Pass in die Schnittstelle auf den Rechten Flügelspieler **(7)**.

- **(7)** kann jetzt entweder eine flache Flanke spielen oder den Ball für nachrückende Mitspieler in den Rückraum legen.

Quelle: Pep Guardiolas Trainingseinheiten beim FC Barcelona B (2007-08)

Pep Guardiola Trainingsübungen: Offensive Angriffsmuster (4-3-3)

1. Spielverlagerung auf den Flügelspieler mittels Kurzpassspiel

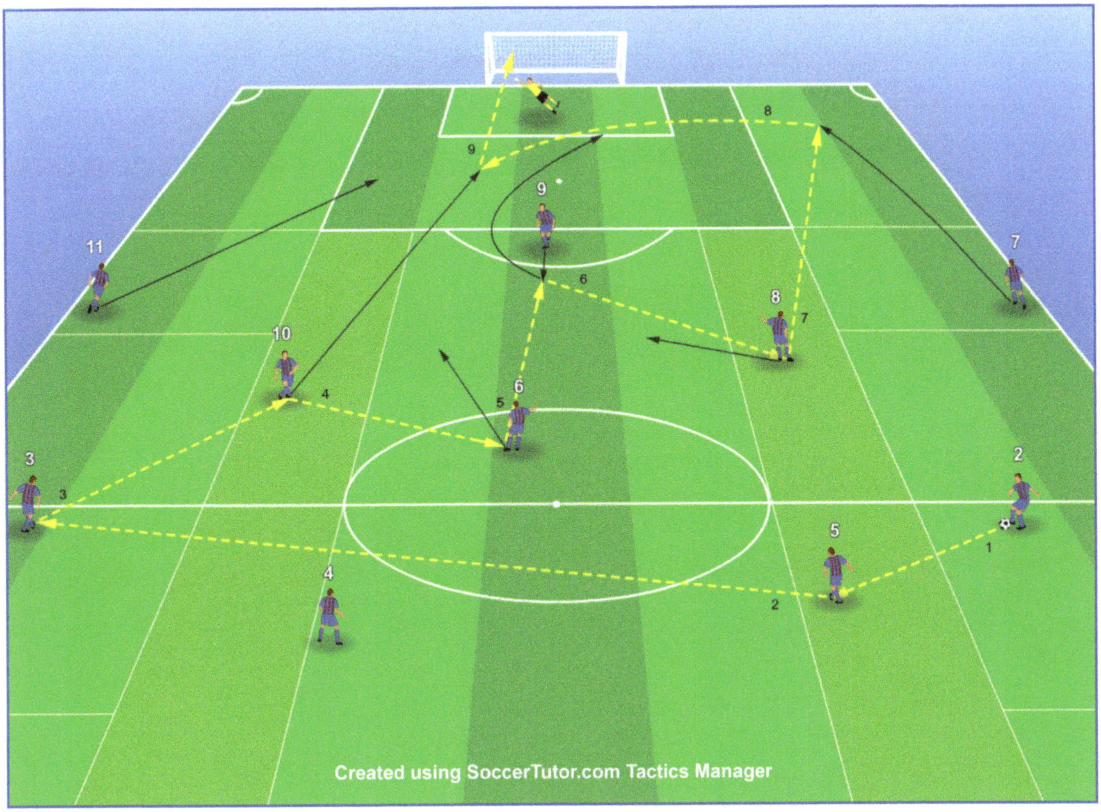

Ablauf

1. Der Rechte Verteidiger (2) passt zum Innenverteidiger (5).
2. (5) überspielt den anderen Innenverteidiger (4) und passt direkt zum Linken Verteidiger (3).
3. (3) passt zum Offensiven Mittelfeldspieler (10), der den Ball im "Halbraum" annimmt.
4. (10) passt ins Zentrum zum Defensiven Mittelfeldspieler (6).
5. (6) passt auf den entgegenkommenden Stürmer (9).
6. (9) passt den Ball zum anderen Offensiven Mittelfeldspieler (8), der ebenso im "Halbraum" steht.
7. Pep Guardiola möchte, dass seine Besten und Kreativsten Spieler in den "Halbräumen" in Ballbesitz gelangen. Von hier kann Nr. 8 einen Pass in die Tiefe zum Rechten Flügelspieler (7) spielen.
8. (7) spielt den Ball für nachrückende Mitspieler nach Innen.

Quelle: Pep Guardiolas Trainingseinheiten beim FC Barcelona B (2007-08)

Pep Guardiola Trainingsübungen: Offensive Angriffsmuster (4-3-3)

2. Spielverlagerung mittels langem Ball auf den Flügelspieler

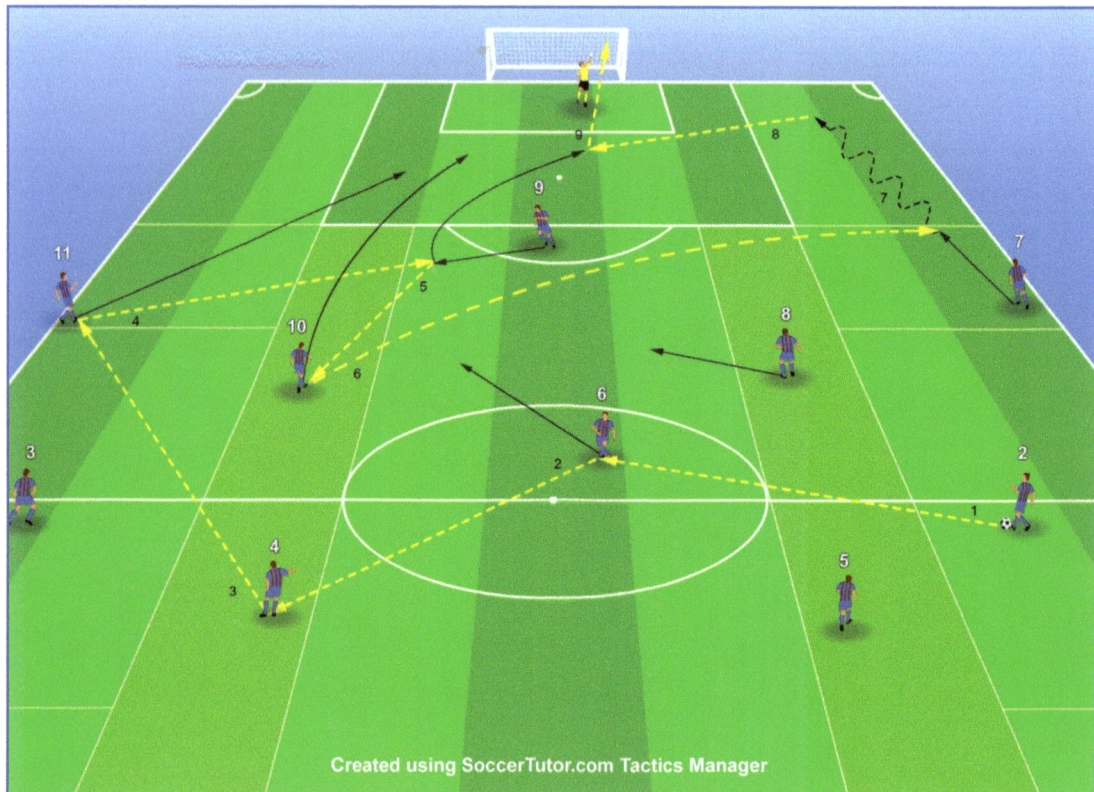

Ablauf

1. Der Rechte Verteidiger (2) passt nach Innen zum Defensiven Mittelfeldspieler (6).

2. (6) passt zurück zum Linken Innenverteidiger (4).

3. (4) passt nach Außen zum Flügelspieler (11).

4. (11) passt auf den entgegenkommenden Stürmer (9).

5. (9) passt zum Offensiven Mittelfeldspieler (10) in den "Halbraum".

6. Nach anhaltendem Kombinationsspiel auf der einen Seite das Ziel, das Spiel schnell zu verlagern um den sich bietenden Raum auf der Ballfernen Seite zu nutzen. Der Offensive Mittelfeldspieler (10) spielt einen Diagonalen Flugball auf den Ballfernen Flügelspieler (7).

7. (7) dribbelt mit dem Ball nach vorne.

8. (7) spielt den Ball für nachrückende Mitspieler nach Innen.

Quelle: Pep Guardiolas Trainingseinheiten beim FC Barcelona B (2007-08)

Pep Guardiola Trainingsübungen: Offensive Angriffsmuster (4-3-3)

3. Angriff durch das Zentrum - Flugball auf den Offensiven Mittelfeldspieler

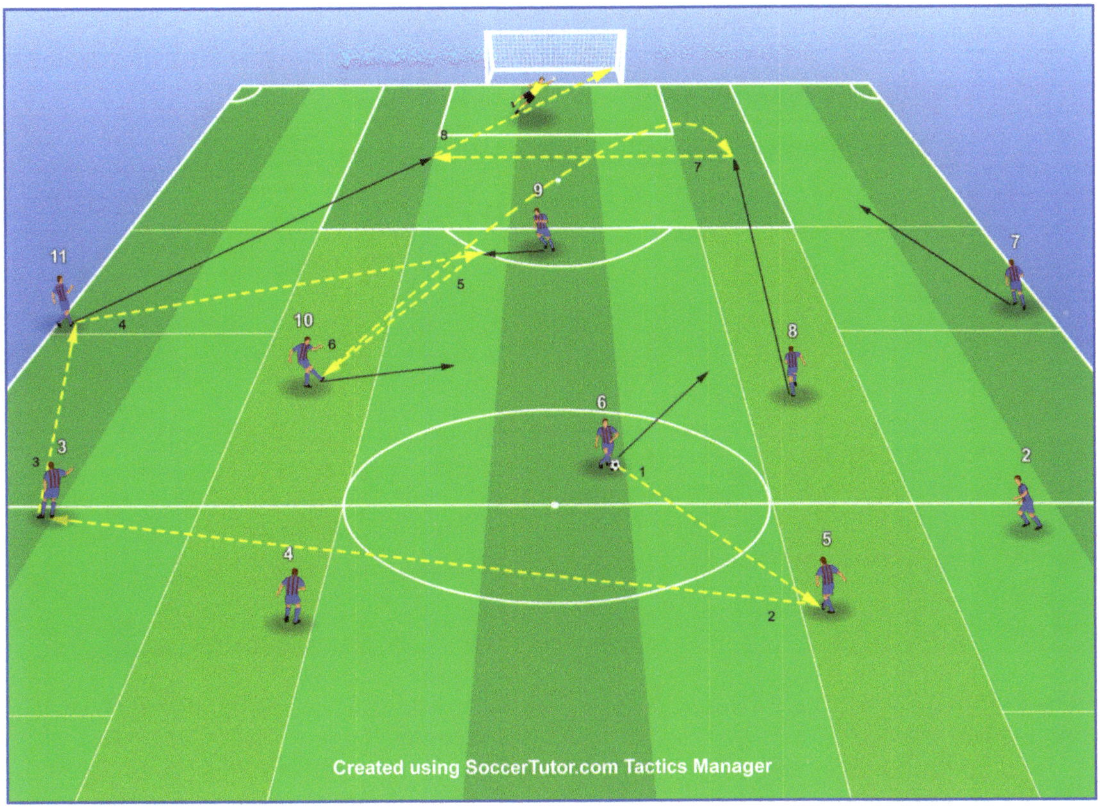

Ablauf

1. Der Defensive Mittelfeldspieler (6) passt zurück auf den Rechten Innenverteidiger (5).

2. (5) überspielt den anderen Innenverteidiger (4) und passt direkt zum Linken Verteidiger (3).

3. (3) passt nach vorne auf den Flügelspieler (11).

4. (11) passt auf den entgegenkommenden Stürmer (9).

5. (9) spielt den Ball zurück auf den Offensiven Mittelfeldspieler in den "Halbraum".

6. Der andere Offensive Mittelfeldspieler (8) startet einen Laufweg in die Tiefe und erhält einen Diagonalen Flugball von (10) in den Rücken der Abwehr.

7. (8) spielt eine Flache Hereingebe für den Flügelspieler (11).

Quelle: Pep Guardiolas Trainingseinheiten beim FC Barcelona B (2007-08)

Pep Guardiola Trainingsübungen: Offensive Angriffsmuster (4-3-3)

4. Timing von offensiven Laufwegen. Tiefer Laufweg, Flanke, Abschluss

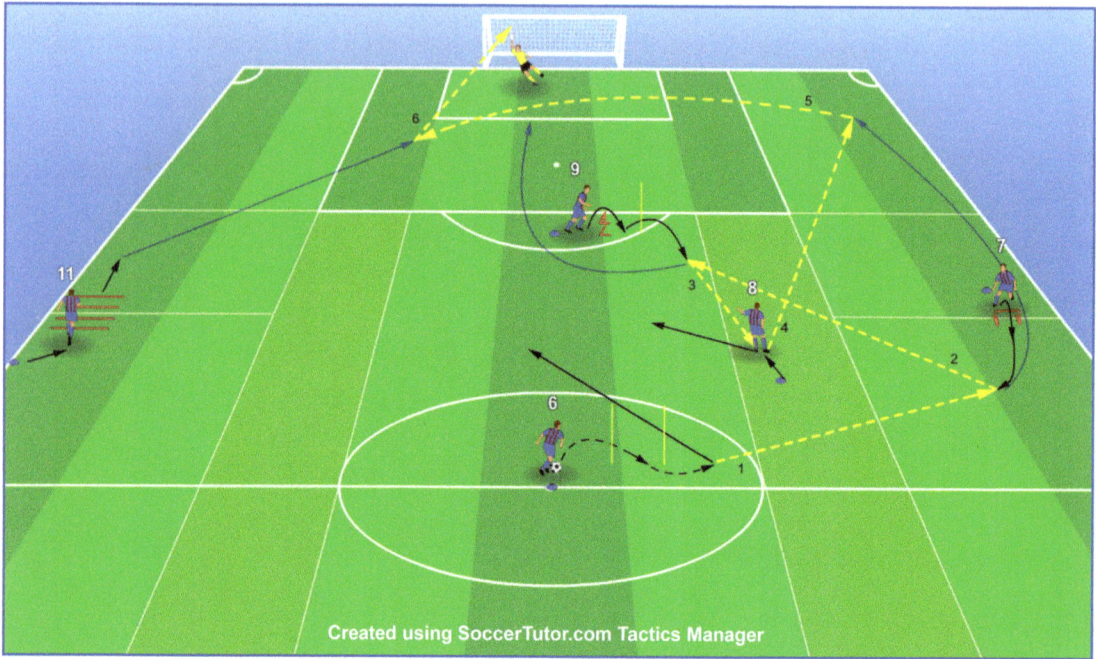

Zielsetzung: schnelle Pässe, Timing, Konzentration und Abschluss.

Ablauf

1. Der Defensive Mittelfeldspieler (6) dribbelt durch die Stangen, passt nach außen auf den Flügelspieler (7) und sprintet nach vorne.

2. Der Rechte Flügelspieler (7) springt über die Hürde, kommt dem Pass vom Defensiven Mittelfeldspieler (6) entgegen und spielt einen Diagonalen Pass auf den Stürmer (9). Anschließend sprintet er die Linie entlang.

3. Der Stürmer (9) springt über die Hürde, läuft um das Hütchen, erhält das Zuspiel von (7) und passt den Ball auf den Offensiven Mittelfeldspieler (8). Dann läuft er bogenförmig in den Strafraum ein.

4. (8) bewegt sich nach vorne und erhält das Zuspiel von (9), dann spielt er einen Pass nach Außen auf den vorgerückten Flügelspieler (7). Anschließend orientiert er sich nach Innen.

5. (7) erhält den Pass in vorgerückter Position und flankt den Ball in den Strafraum.

6. Der Linke Flügelspieler (11) bewegt sich durch die Stangen und sprintet auf den Langen Pfosten um die Hereingabe zu verwerten.

Alle Positionieren rotieren. Jede Wiederholung soll in maximalem Tempo absolviert werden, deshalb muss auf ausreichende Erholungszeit zwischen den Durchgängen geachtet werden! Die Übungsaufbau kann ebenso gespiegelt werden.

Quelle: Pep Guardiolas Trainingseinheiten beim FC Barcelona B (2007-08)

Pep Guardiola Trainingsübungen: Offensive Angriffsmuster (4-3-3)

5. Timing von offensiven Laufwegen. Spielverlagerung, Flanke, Abschluss

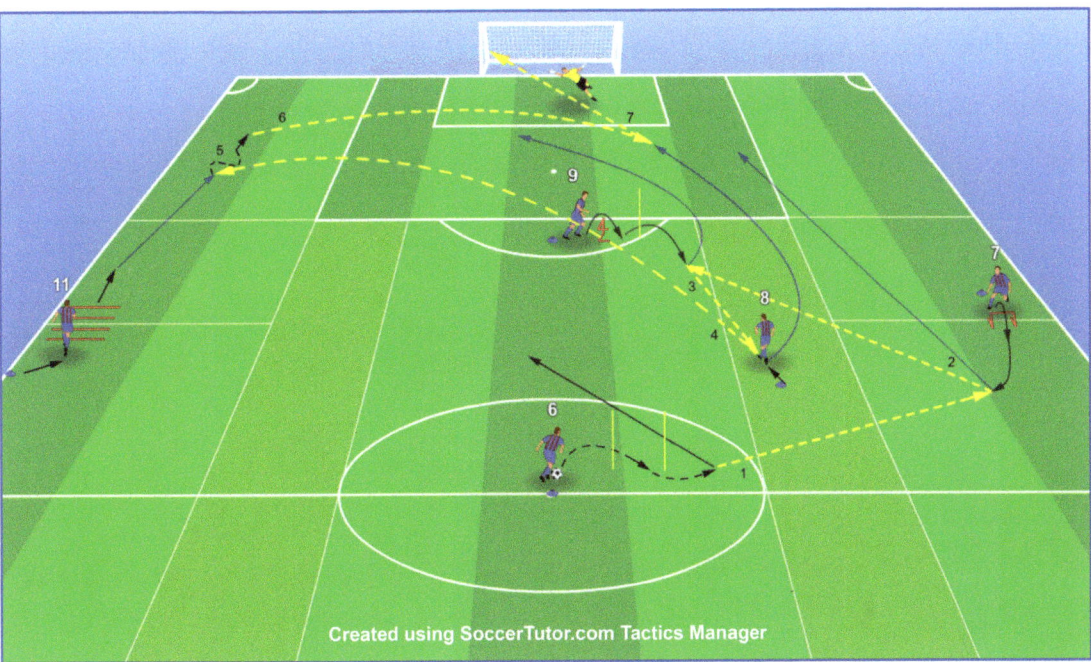

Zielsetzung: schnelle Pässe, Timing, Konzentration und Abschluss.

Ablauf

1. Der Defensive Mittelfeldspieler (6) dribbelt durch die Stangen, passt nach außen auf den Flügelspieler (7) und sprintet nach vorne.

2. Der Rechte Flügelspieler (7) springt über die Hürde, kommt dem Pass vom Defensiven Mittelfeldspieler (6) entgegen und spielt einen Diagonalen Pass auf den Stürmer (9). Anschließend sprintet auf den 2. Pfosten.

3. Der Stürmer (9) springt über die Hürde, läuft um das Hütchen, erhält das Zuspiel von (7) und passt den Ball auf den Offensiven Mittelfeldspieler (8). Dann läuft er bogenförmig auf den 1. Pfosten.

4. (8) bewegt sich nach vorne, erhält ein Zuspiel von (9) und spielt einen Diagonalen Flugball zum Linken Flügelspieler (11). Anschließend läuft er bogenförmig zwischen die anderen beiden Spieler.

5. (11) läuft durch die Stangen, sprintet nach vorne und spielt eine Flanke in den Strafraum.

Alle Positionieren rotieren. Jede Wiederholung soll in maximalem Tempo absolviert werden, deshalb muss auf ausreichende Erholungszeit zwischen den Durchgängen geachtet werden! Die Übungsaufbau kann ebenso gespiegelt werden.

Quelle: Pep Guardiolas Trainingseinheiten beim FC Barcelona B (2007-08)

Pep Guardiola Trainingsübungen: Offensive Angriffsmuster (4-3-3)

6. Angriffsmuster mit vier Spielern. Schnittstellenpass, Flanke und Abschluss (linker Flügel)

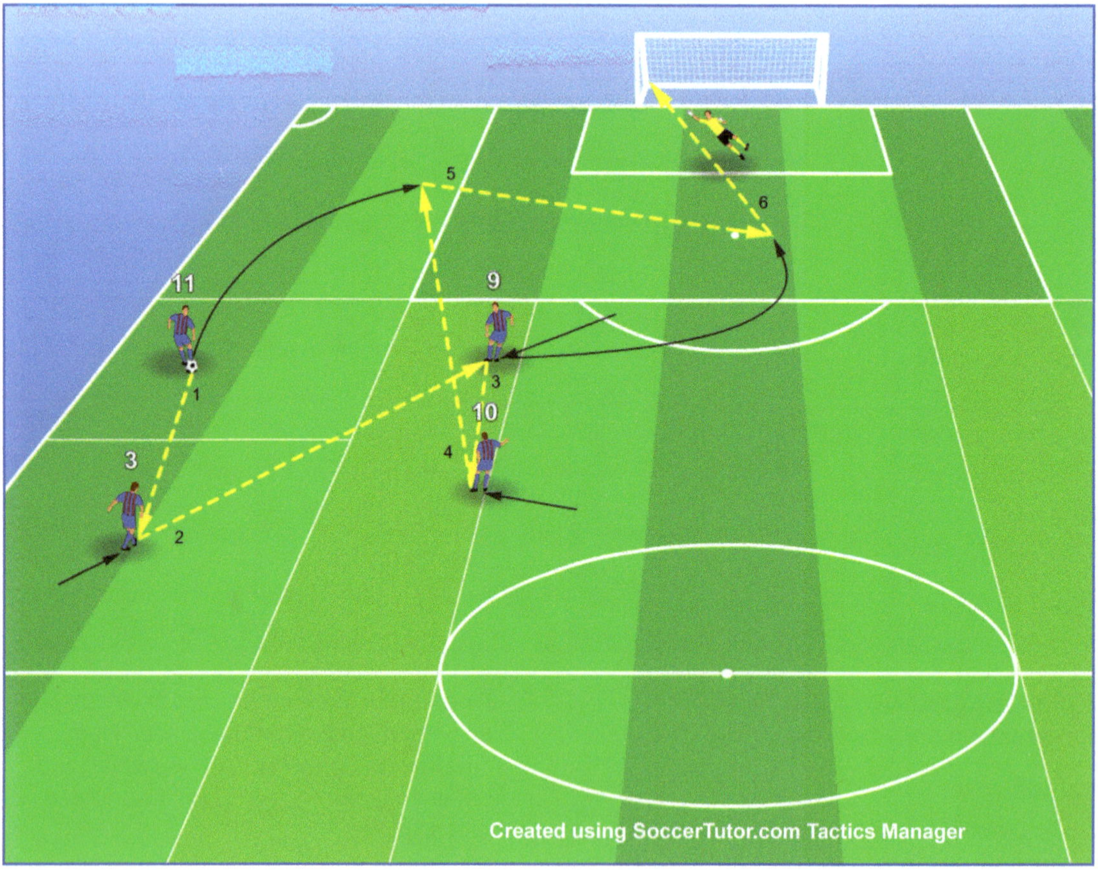

In diesem Angriffsmuster ist der Außenverteidiger in der gegnerischen Spielhälfte in Ballbesitz. Das Muster umfasst 4 Spieler: Linker Verteidiger (3), Offensiver Mittelfeldspieler (10), Flügelspieler (11) und Stürmer (9).

Ablauf

1. (11) steht mit dem Rücken zum Tor und spielt den Ball zurück auf (3).
2. (3) spielt den Ball diagonal auf (9).
3. (9) spielt den Ball zurück auf (10) und sprinten dann in Richtung des Strafraums.
4. (10) spielt einen Langen Pass in den Vorlauf zum Linken Flügelspieler (11).
5. (11) flankt den Ball ins Zentrum des Strafraums. (9) muss seinen Laufweg entsprechend anpassen und versucht ein Tor zu schießen.

Quelle: Pep Guardiolas Trainingseinheiten beim FC Barcelona B (2007-08)

Pep Guardiola Trainingsübungen: Offensive Angriffsmuster (4-3-3)

7. Angriffsmuster mit vier Spielern. Pass in die Schnittstelle, Flanke und Abschluss (rechter Flügel)

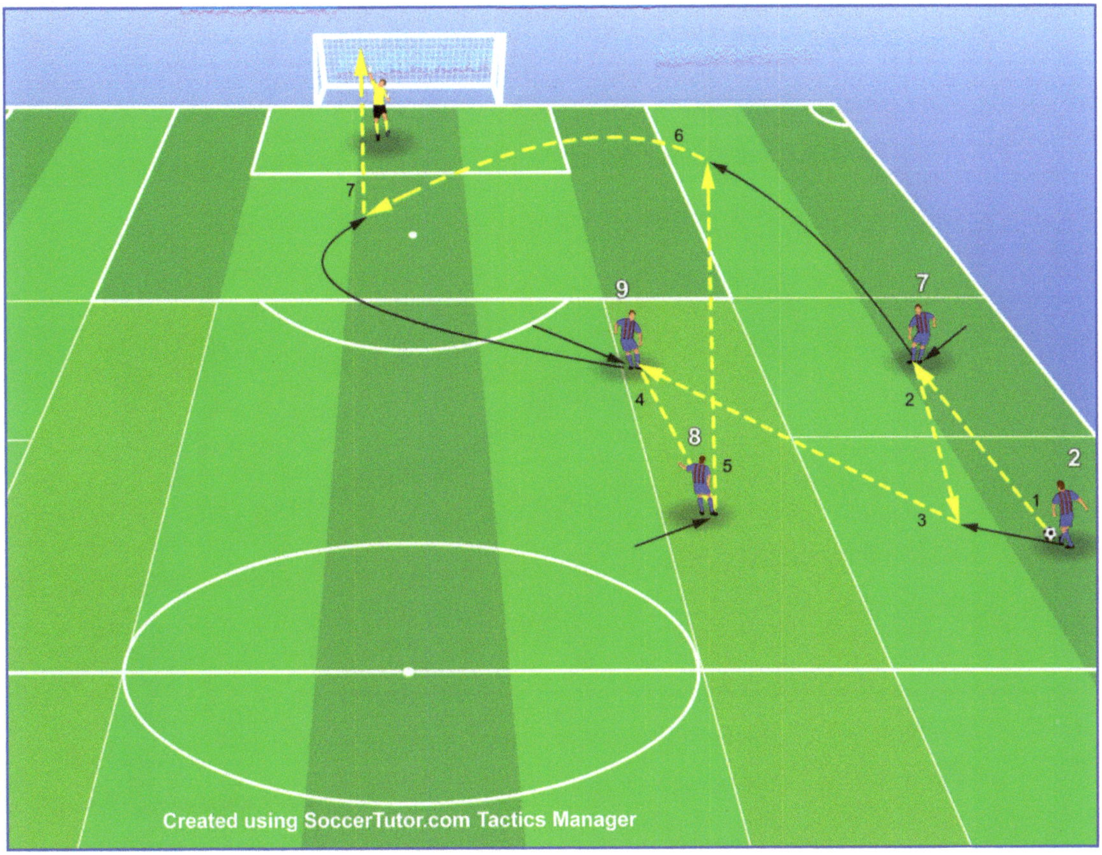

In diesem Angriffsmuster ist der Außenverteidiger in der gegnerischen Spielhälfte in Ballbesitz. Das Muster umfasst 4 Spieler: Rechter Verteidiger (2), Offensiver Mittelfeldspieler (8), Flügelspieler (7) und Stürmer (9).

Ablauf

1. (2) spielt einen Pass nach vorne auf (7).
2. (7) passt zurück auf (2) und sprintet anschließend in den Raum vor sich.
3. (2) passt den Ball auf (9).
4. (9) passt den Ball zurück auf (8) und bewegt sich dann in Richtung des Strafraums.
5. (8) spielt einen Langen Pass in den Laufweg des aufrückenden rechten Flügelspielers zum Rechten Flügelspieler (7).
6. (7) flankt den Ball ins Zentrum des Strafraums. (9) muss seinen Laufweg entsprechend anpassen und versucht ein Tor zu schießen.

Quelle: Pep Guardiolas Trainingseinheiten beim FC Barcelona B (2007-08)

OFFENSIVE ANGRIFFSMUSTER (3-5-2)

Pep Guardiola Trainingsübungen: Offensive Angriffsmuster (3-5-2)

"Während wir angreifen ist die Idee die Positionen ständig zu halten, immer dort zu sein, wo du zu sein hast. Es gibt Dynamik, Bewegung, aber die Position muss immer von jemandem besetzt werden."

Pep Guardiola Trainingsübungen: Offensive Angriffsmuster (3-5-2)

PEP GUARDIOLAS MANCHESTER CITY FORMATION (3-5-2)

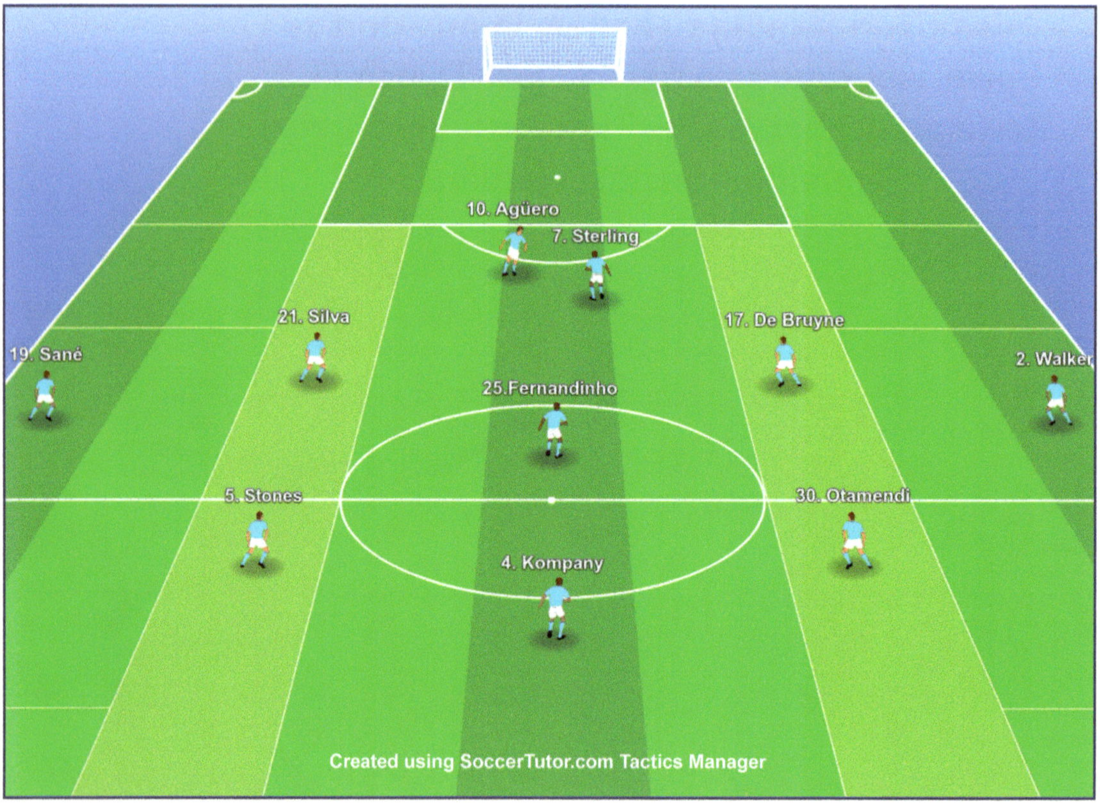

- **5. Stones:** Linker Innenverteidiger
- **4. Kompany:** Zentraler Innenverteidiger
- **30. Otamendi:** Rechter Innenverteidiger
- **19. Sané:** Linker Flügelspieler
- **2. Walker:** Rechter Flügel
- **25. Fernandinho:** Defensiver Mittelfeldspieler
- **21. Silva** Linker Offensiver Mittelfeldspieler
- **17. De Bruyne:** Rechter Offensiver Mittelfeldspieler
- **7. Sterling:** Hängende Spitze
- **10. Agüero:** Stürmer

Quelle: Pep Guardiolas Trainingseinheiten bei Manchester City (Vorbereitung) USA Tour - Nissan Stadium, Nashville 29. Juli 2017

Pep Guardiola Trainingsübungen: Offensive Angriffsmuster (3-5-2)

POSITIONIERUNG UND BALLANNAHME IN DEN HALBRÄUMEN (3-5-2)

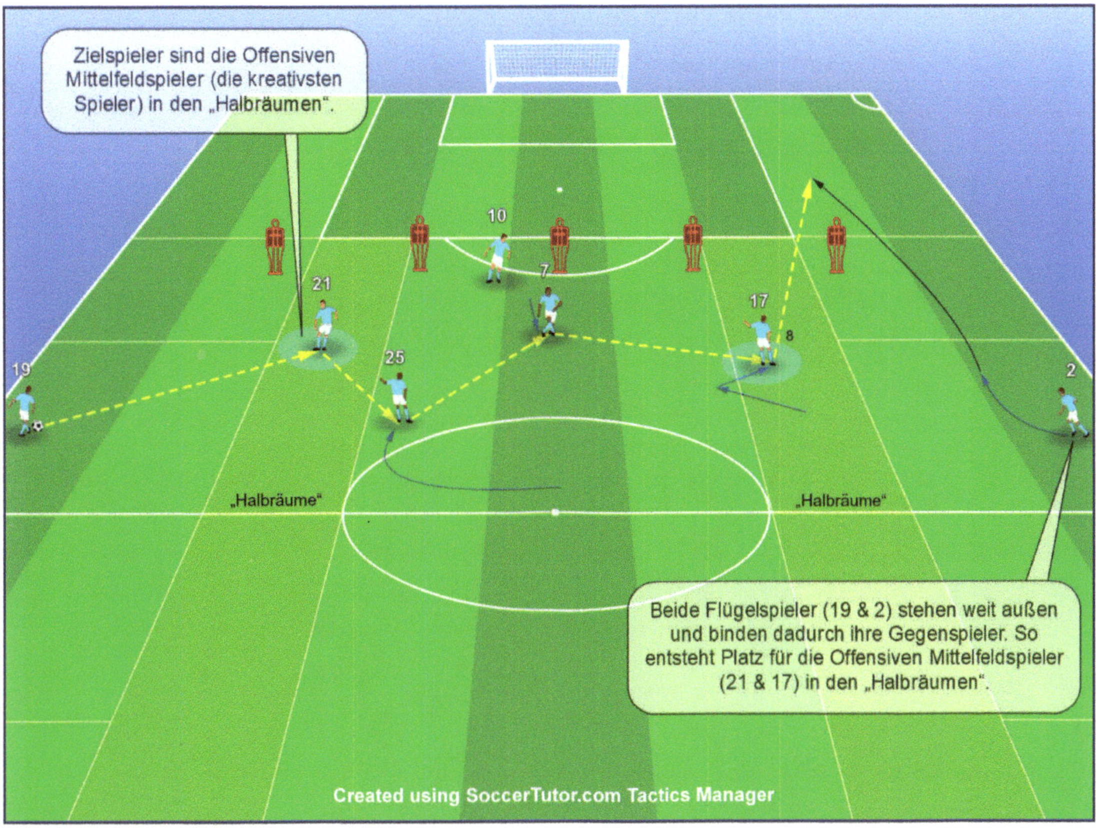

> Zielspieler sind die Offensiven Mittelfeldspieler (die kreativsten Spieler) in den „Halbräumen".

> Beide Flügelspieler (19 & 2) stehen weit außen und binden dadurch ihre Gegenspieler. So entsteht Platz für die Offensiven Mittelfeldspieler (21 & 17) in den „Halbräumen".

- Wenn die Offensiven Mittelfeldspieler von Manchester City den Ball in den "Halbräumen" annehmen und sich aufdrehen können, dann sollen sie versuchen einen Pass hinter die Abwehrkette des Gegners zu spielen.

- Pep Guardiola möchte, dass seine Flügelspieler **(19 & 2)** weit außen stehen und dadurch die gegnerischen Verteidiger binden. Dadurch bietet sich Platz für die Offensiven Mittelfeldspieler um in den "Halbräumen" in Ballbesitz zu gelangen.

- In dieser Übung spielt Manchester City im 3-5-2 System und der 2. Stürmer **Sterling (7)** passt zum Offensiven Mittelfeldspieler **De Bruyne (17)** in den "Halbraum".

- Von hier aus, hat **De Bruyne (17)** viele Optionen um einen Pass in den Rücken der Abwehr zu spielen.

- In diesem Beispiel spielt **De Bruyne (17)** den Ball in den Rücken der Abwehr zum Rechten Flügelspieler **Walker (2)**.

Quelle: Pep Guardiolas Trainingseinheiten bei Manchester City (Vorbereitung) USA Tour - Nissan Stadium, Nashville 29. Juli 2017

Pep Guardiola Trainingsübungen: Offensive Angriffsmuster (3-5-2)

PEP GUARDIOLAS TRAININGSAUFBAU (3-5-2)

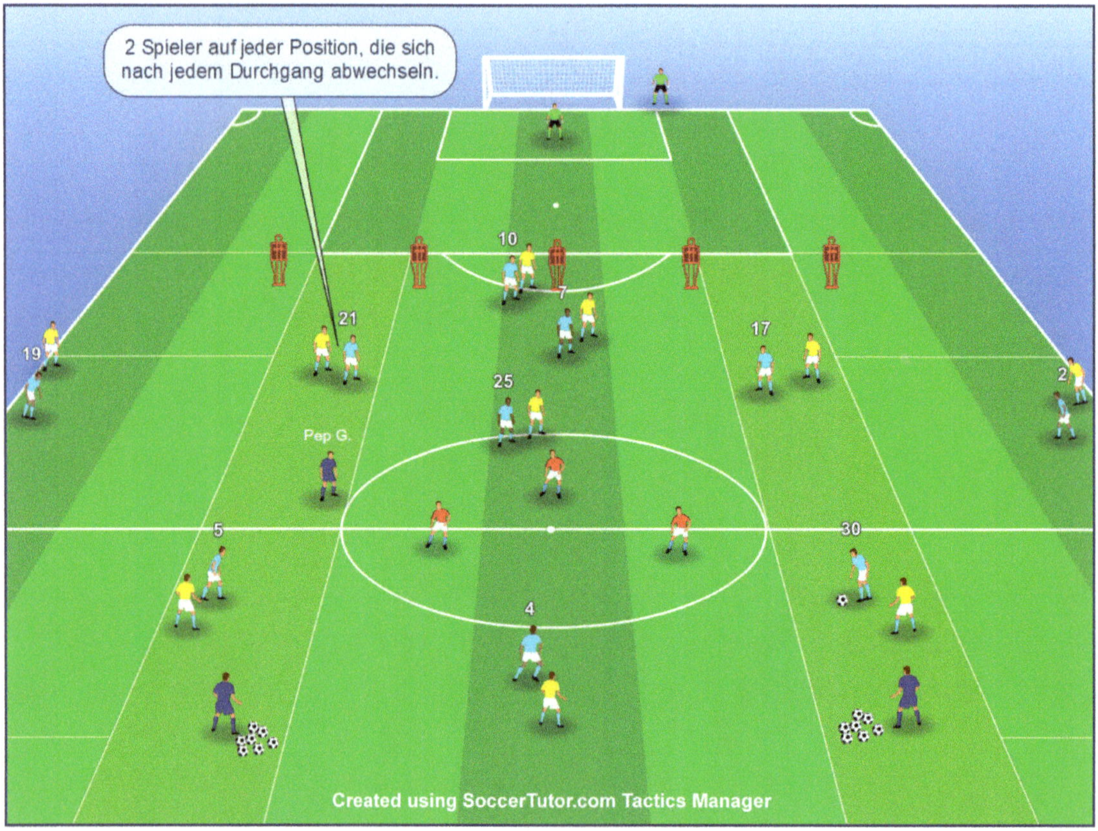

2 Spieler auf jeder Position, die sich nach jedem Durchgang abwechseln.

- Diese Abbildung zeigt Pep Guardiolas Trainingsaufbau um Offensive Angriffsmuster in seinem Training mit Manchester City einzustudieren.

- Auf beiden Seiten stehen Trainer. Diese passen den Ball zu den IV's um die Übung zu beginnen.

- Außerhalb des Strafraums stehen 5 Dummys in einer Reihe, dazu noch 3 passive Verteidiger im Zentrum des Feldes.

- Jede Position ist doppelt besetzt. Dadurch entstehen 2 Teams à 10 Feldspieler um die Muster einzuüben.

- Beide Mannschaften absolvieren abwechselnd die von Pep Guardiola angesagten Spielzüge.

- Sobald eine Mannschaft fertig ist, joggen die Spieler zurück auf ihre Positionen und das nächste Team startet.

Quelle: Pep Guardiolas Trainingseinheiten bei Manchester City (Vorbereitung) USA Tour - Nissan Stadium, Nashville 29. Juli 2017

Angriffsmuster durch das Zentrum + tiefe Laufwege

Direkt aus Pep Guardiolas Trainingseinheiten mit Manchester City

Pep Guardiolas 3-5-2: Angriffsmuster durch das Zentrum + Tiefe Laufwege

1. Beide Stürmer kombinieren im Zwischenraum + tiefer Laufweg des Offensiven Mittelfeldspielers

Ablauf

1. Der Linke Innenverteidiger (5) passt nach Innen zum Zentraler Innenverteidiger (4).
2. (4) spielt weiter zum Rechten Innenverteidiger (30).
3. (30) passt zum Offensiven Mittelfeldspieler (17), der den Ball im "Halbraum" annimmt.
4. Der Defensive Mittelfeldspieler (25) bewegt sich zum Ball und erhält ein Zuspiel.
5. (25) passt zum entgegenkommenden Stürmer (10).
6. (10) legt den Ball zurück auf den tiefer stehenden anderen Stürmer (7).
7. Der Offensive Mittelfeldspieler (17) läuft in die Tiefe und erhält im richtigen Moment ein Zuspiel von (7) in den Rücken der Abwehr.
8. (17) passt nach vorne zu (10) der sich mit einem Bogenlauf in eine aussichtsreiche Position für einen Abschluss gebracht hat.

Quelle: Pep Guardiolas Trainingseinheiten bei Manchester City (Vorbereitung) USA Tour - Nissan Stadium, Nashville 29. Juli 2017

Pep Guardiolas 3-5-2: Angriffsmuster durch das Zentrum + Tiefe Laufwege

2. Stürmer legt auf 2. Stürmer ab + Pass auf Offensiven Mittelfeldspieler im Zentrum

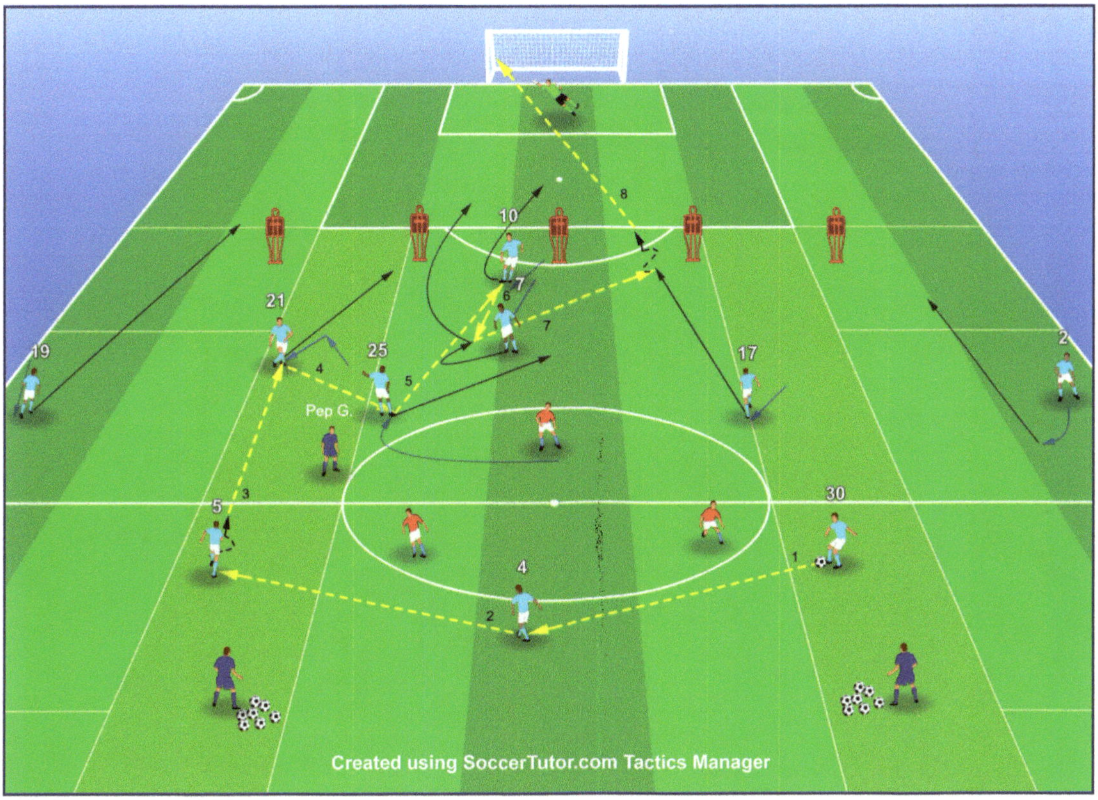

Ablauf

1. Der Rechte Innenverteidiger (30) passt nach Innen zum Zentralen Innenverteidiger (4).
2. Der Zentrale Innenverteidiger (4) passt zum Linken Innenverteidiger (5).
3. Der Linke Innenverteidiger (5) passt zum Offensiven Mittelfeldspieler (21) in den "Halbraum".
4. Der Defensive Mittelfeldspieler (25) bewegt sich zum Ball und erhält ein Zuspiel.
5. (25) passt zum Stürmer (10) und der andere Stürmer (7) kommt entgegen.
6. (10) legt den Ball zurück auf (7).
7. Der Offensive Mittelfeldspieler auf der anderen Seite (17) läuft in die Tiefe und erhält im richtigen Moment ein Zuspiel von (7) in den Rücken der Abwehr.
8. (17) dribbelt nach vorne zwischen die Dummys und schießt aufs Tor.

Quelle: Pep Guardiolas Trainingseinheiten bei Manchester City (Vorbereitung) USA Tour - Nissan Stadium, Nashville 29. Juli 2017

Pep Guardiolas 3-5-2: Angriffsmuster durch das Zentrum + Tiefe Laufwege

3. Stürmer legt auf 2. Stürmer ab + Offensiver Mittelfeldspieler erhält tiefes Zuspiel

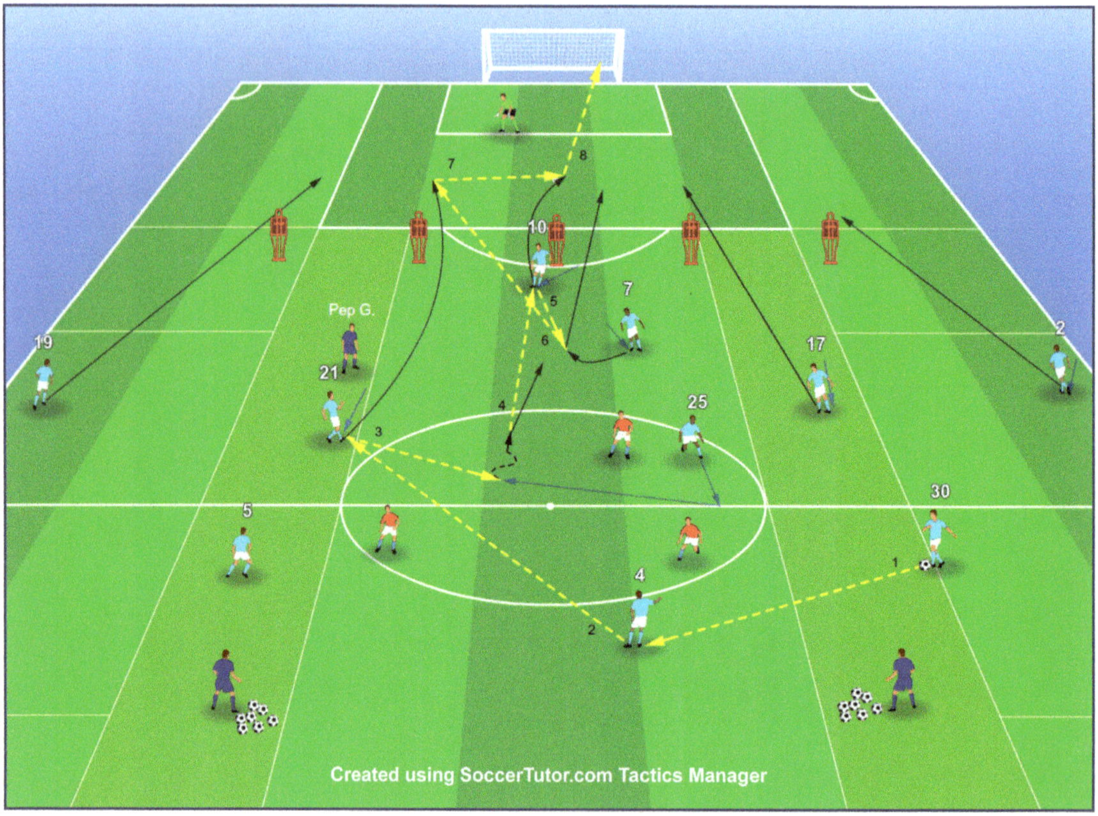

Ablauf

1. Der Rechte Innenverteidiger (30) passt nach Innen zum Zentralen Innenverteidiger (4).

2. Der Zentrale Innenverteidiger (4) passt zum Offensiven Mittelfeldspieler (21) auf der linken Seite, der den Ball im "Halbraum" annimmt.

3. (25) lässt sich fallen um ein Zuspiel von (4) zu erhalten und bewegt sich dann Innen für den Pass von (21).

4. (25) nimmt den Ball an, dribbelt nach vorne und passt zum Stürmer (10).

5. (10) legt den Ball zurück auf (7).

6. Der Offensive Mittelfeldspieler (21) läuft in die Tiefe und erhält im richtigen Moment ein Zuspiel von (7) in den Rücken der Abwehr.

7. (17) passt nach vorne zu (10) der sich mit einem Tiefen Lauf in eine aussichtsreiche Position für einen Abschluss gebracht hat.

Quelle: Pep Guardiolas Trainingseinheiten bei Manchester City (Vorbereitung) USA Tour - Nissan Stadium, Nashville 29. Juli 2017

Pep Guardiolas 3-5-2: Angriffsmuster durch das Zentrum + Tiefe Laufwege

4. Schnelles Kombinationsspiel zwischen Offensivem Mittelfeldspieler und den beiden Stürmern

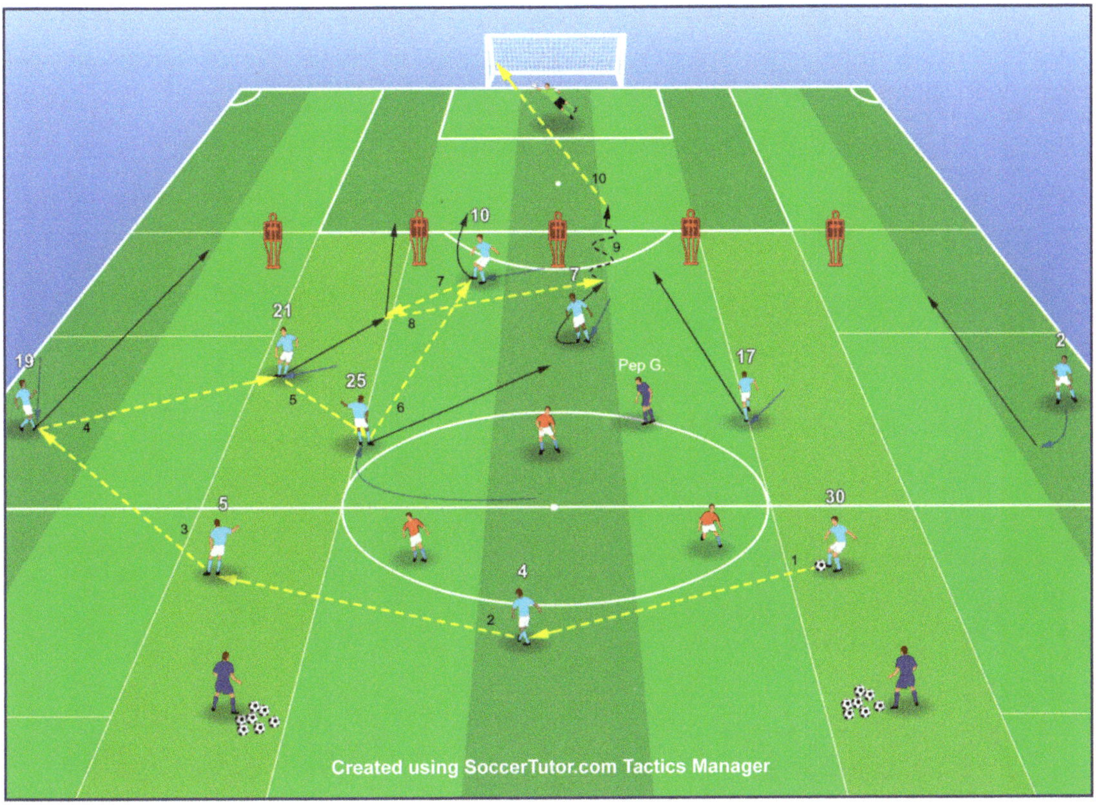

Ablauf

1. Der Rechte Innenverteidiger (30) passt nach Innen zum Zentralen Innenverteidiger (4).

2. Der Zentrale Innenverteidiger (4) passt zum Linken Innenverteidiger (5).

3. Der Linke Innenverteidiger (5) passt nach Links zum Flügelspieler (19), der den Ball weit Außen annimmt.

4. (19) passt den Ball zum Offensiven Mittelfeldspieler (21) in den "Halbraum".

5. Der Defensive Mittelfeldspieler (25) bewegt sich zum Ball und erhält ein Zuspiel.

6. (25) passt zum Stürmer (10) und der andere Stürmer (7) kommt entgegen.

7. (10) spielt den Ball zurück auf den Offensiven Mittelfeldspieler (21) in den "Halbraum".

8. (21) spielt im richtigen Moment einen Pass ins Zentrum zum Einlaufenden Stürmer (7).

9. (7) dribbelt nach vorne zwischen die Dummys und schießt aufs Tor.

Quelle: Pep Guardiolas Trainingseinheiten bei Manchester City (Vorbereitung) USA Tour - Nissan Stadium, Nashville 29. Juli 2017

Pep Guardiolas 3-5-2: Angriffsmuster durch das Zentrum + Tiefe Laufwege

5. Schnelles Aufbauspiel mit dem Ziel die Stürmer anzuspielen

Ablauf

1. Der Rechte Innenverteidiger (30) passt nach Innen zum Zentralen Innenverteidiger (4).
2. Der Zentrale Innenverteidiger (4) dribbelt an.
3. (4) passt zum Defensiven Mittelfeldspieler (25).
4. (25) spielt den Ball direkt zurück auf (4).
5. Der Mittlere Innenverteidiger (4) passt zum Linken Innenverteidiger (5).
6. Der Linke Innenverteidiger (5) passt zum Offensiven Mittelfeldspieler (21) in den "Halbraum".
7. Der Defensive Mittelfeldspieler (25) bewegt sich nach vorne und erhält ein Zuspiel.
8. (25) passt zum Stürmer (10).
9. (10) passt in den Lauf des anderen Stürmers (7), der nach vorn dribbelt und aufs Tor schießt.

Quelle: Pep Guardiolas Trainingseinheiten bei Manchester City (Vorbereitung) USA Tour - Nissan Stadium, Nashville 29. Juli 2017

Spielverlagerung und Pass in die Schnittstelle auf den Flügelspieler

Direkt aus Pep Guardiolas Trainingseinheiten mit Manchester City

Pep Guardiolas 3-5-2 Angriffsmuster: Spielverlagerung und Pass in die Schnittstelle auf den Flügelspieler

1. Spielverlagerung um den Flügelspieler mit einem Pass in die Schnittstelle einzusetzen

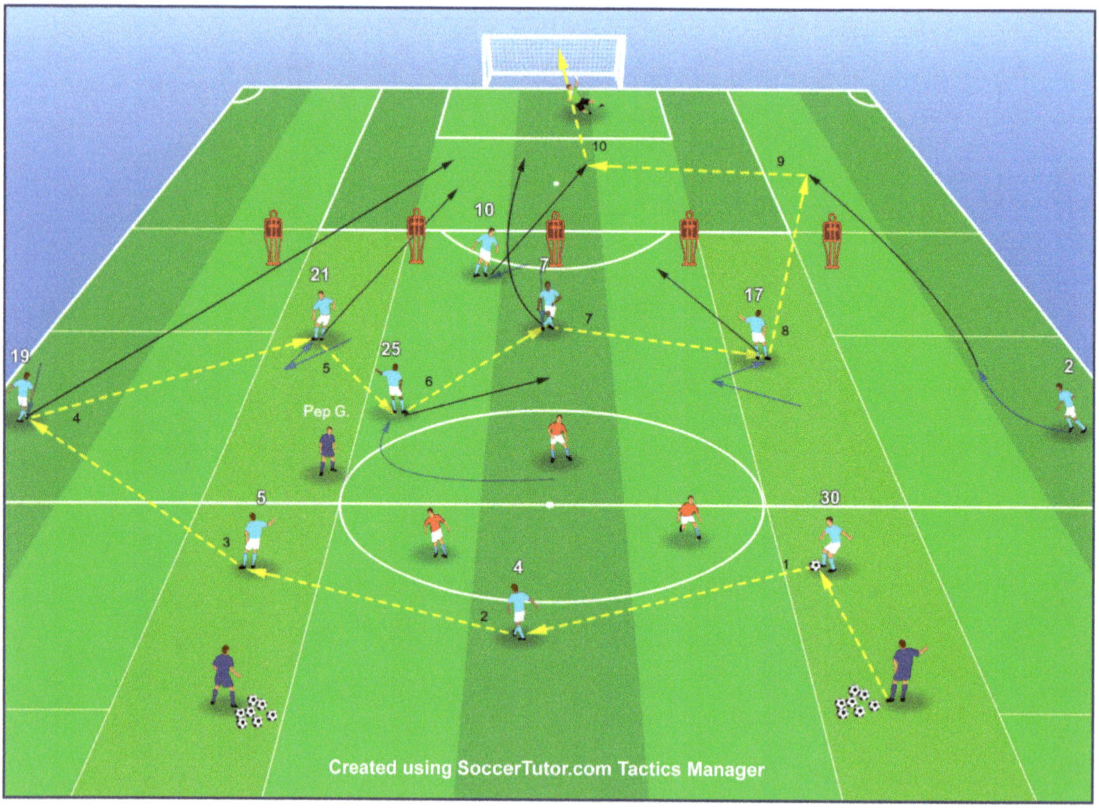

Ablauf

1. Der Rechte Innenverteidiger (30) passt nach Innen zum Zentralen Innenverteidiger (4).
2. Der Zentrale Innenverteidiger (4) passt zum Linken Innenverteidiger (5).
3. Der Linke Innenverteidiger (5) passt nach Links zum Flügelspieler (19), der den Ball weit Außen annimmt.
4. (19) passt den Ball zum Offensiven Mittelfeldspieler (21) in den "Halbraum".
5. Der Defensive Mittelfeldspieler (25) bewegt sich zum Ball und erhält ein Zuspiel.
6. Der Defensive Mittelfeldspieler (25) passt zum entgegenkommenden Stürmer (7).
7. (7) passt den Ball zum anderen Offensiven Mittelfeldspieler (17), der ebenso im "Halbraum" steht.
8. (17) passt in den Rücken der Abwehr zum einlaufenden Rechten Flügelspieler (2).
9. (2) spielt den Ball für nachrückende Mitspieler nach Innen.

Quelle: Pep Guardiolas Trainingseinheiten bei Manchester City (Vorbereitung) USA Tour - Nissan Stadium, Nashville 29. Juli 2017

Pep Guardiolas 3-5-2 Angriffsmuster: Spielverlagerung und Pass in die Schnittstelle auf den Flügelspieler

2. Defensiver Mittelfeldspieler spielt Flugball auf Flügelspieler + tiefer Laufweg des Offensiven Mittelfeldspielers

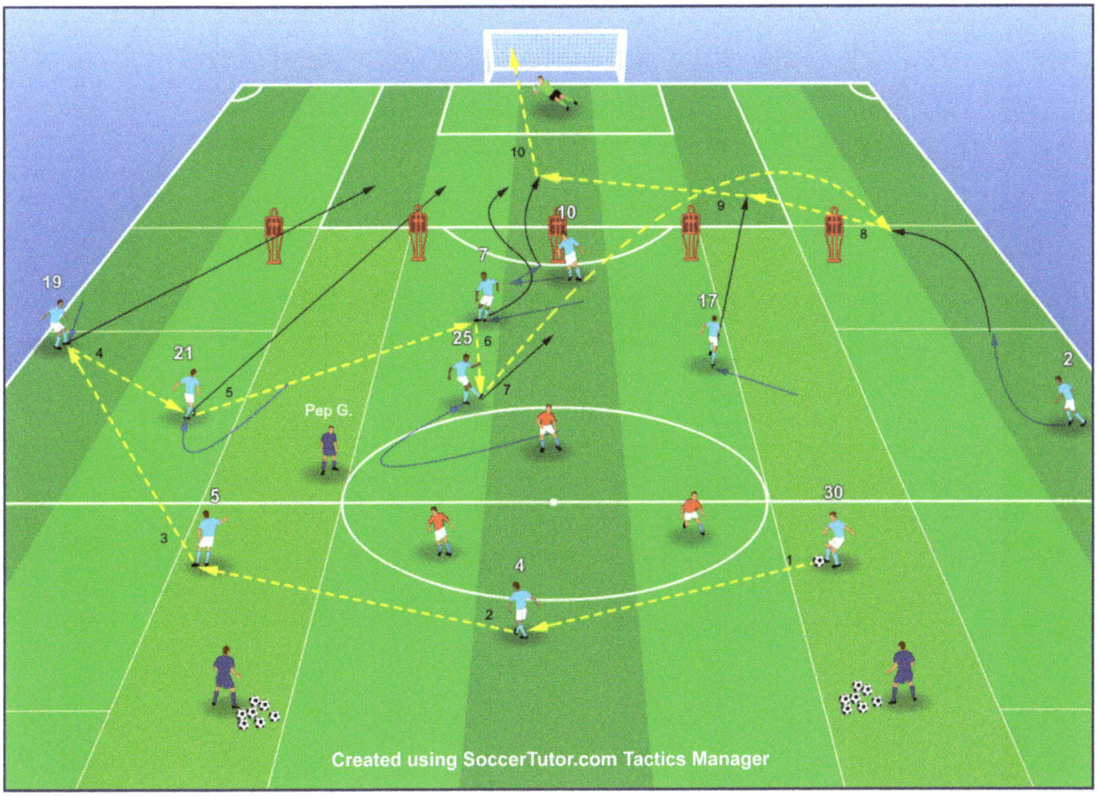

Ablauf

1. Der Rechte Innenverteidiger (30) passt nach Innen zum Zentralen Innenverteidiger (4).

2. Der Zentrale Innenverteidiger (4) passt zum Linken Innenverteidiger (5).

3. Der Linke Innenverteidiger (5) passt nach Links zum Flügelspieler (19), der den Ball weit Außen annimmt.

4. (19) passt den Ball auf den entgegenkommenden Offensiven Mittelfeldspieler (21).

5. (21) passt zum sich anbietenden Stürmer (7).

6. Der Stürmer (7) legt den Ball zurück auf (25), welcher sich durch einen Bogenlauf abgesetzt hat.

7. Der Rechte Flügelspieler (2) startet in die Tiefe um den Flugball von (25) zu erlaufen. Der andere Offensive Mittelfeldspieler (25) sprintet zwischen den Dummys in den Strafraum.

8. (2) passt nach Innen zum Offensiven Mittelfeldspieler (17).

9. (17) passt zum Stürmer (10), der kommt dann zum Abschluss.

Quelle: Pep Guardiolas Trainingseinheiten bei Manchester City (Vorbereitung) USA Tour - Nissan Stadium, Nashville 29. Juli 2017

Pep Guardiolas 3-5-2 Angriffsmuster: Spielverlagerung und Pass in die Schnittstelle auf den Flügelspieler

3. Schnelles Kombinationsspiel mit dem Ziel den Flügelspieler einzusetzen.

Ablauf

1. Der Zentrale Innenverteidiger (4) dribbelt an.
2. Der Zentrale Innenverteidiger (4) passt zum Linken Innenverteidiger (5), der dann andribbelt.
3. (5) passt zum entgegenkommenden Linken Flügelspieler (19).
4. Der Offensive Mittelfeldspieler (21) bietet sich für ein Zuspiel im "Halbraum" an.
5. (21) passt zum entgegenkommenden Stürmer (10).
6. (10) spielt den Ball direkt zu (21) zurück.
7. (21) verlagert jetzt auf den anderen Offensiven Mittelfeldspieler (17), welcher sich vorab nach vorne orientiert hat.
8. (25) geht seinem Pass nach und bekommt den Ball zurückgespielt.
9. (25) spielt jetzt einen Pass in die Schnittstelle zum Flügelspieler (2). (2) bedient die Einlaufenden Mitspieler mit einer flachen Hereingabe.

Quelle: Pep Guardiolas Trainingseinheiten bei Manchester City (Vorbereitung) USA Tour - Nissan Stadium, Nashville 29. Juli 2017

Pep Guardiolas 3-5-2 Angriffsmuster: Spielverlagerung und Pass in die Schnittstelle auf den Flügelspieler

4. Stürmer legt auf 2. Stürmer ab, um das Spiel auf den Flügelspieler zu verlagern

*Ein roter Verteidiger rückt nach vorne um den Passweg zum Zentralen Innenverteidiger zuzustellen (4).

Ablauf

1. Der Rechte Innenverteidiger (30) passt zum Linken Innenverteidiger (5).

2. (5) dribbelt an.

3. Der Linke Innenverteidiger (5) passt zum Offensiven Mittelfeldspieler (21) in den "Halbraum".

4. Der Defensive Mittelfeldspieler (25) absolviert einen Bogenlauf und bietet sich für ein Anspiel durch den Offensiven Mittelfeldspieler (21) an.

5. (25) passt zum Stürmer (10).

6. Der Stürmer (10) legt den Ball quer zum 2. Stürmer (7).

7. (7) spielt einen Pass in die Schnittstelle zu (2) in den Rücken der Abwehr.

8. (2) spielt eine flache Hereingabe auf (10) für einen Abschluss.

Quelle: Pep Guardiolas Trainingseinheiten bei Manchester City (Vorbereitung) USA Tour - Nissan Stadium, Nashville 29. Juli 2017

Pep Guardiolas 3-5-2 Angriffsmuster: Spielverlagerung und Pass in die Schnittstelle auf den Flügelspieler

5. Kombinationsspiel mit dem Defensiven Mittelfeldspieler + Pass in die Schnittstelle zum Flügelspieler auf der ballfernen Seite

Ablauf

1. Der Linke Innenverteidiger (5) passt nach Innen zum Zentralen Innenverteidiger (4).
2. (4) spielt weiter zum Rechten Innenverteidiger (30).
3. (30) passt zum Offensiven Mittelfeldspieler (17), der den Ball im "Halbraum" annimmt.
4. Der Defensive Mittelfeldspieler (25) bewegt sich zum Ball und erhält ein Zuspiel.
5. Der Defensive Mittelfeldspieler (25) passt zum entgegenkommenden Stürmer (7).
6. (7) spielt den Ball direkt zurück auf (25).
7. (25) passt auf den anderen Offensiven Mittelfeldspieler (25), welcher andribbelt.
8. (21) spielt einen Pass in die Schnittstelle für den einlaufenden Flügelspieler (19).
9. (19) spielt eine flache Hereingabe auf (10) für einen Abschluss.

Quelle: Pep Guardiolas Trainingseinheiten bei Manchester City (Vorbereitung) USA Tour - Nissan Stadium, Nashville 29. Juli 2017

Pep Guardiolas 3-5-2 Angriffsmuster: Spielverlagerung und Pass in die Schnittstelle auf den Flügelspieler

6. Stürmer legt den Ball auf den ballfernen Offensiven Mittelfeldspieler + Pass in die Schnittstelle auf den Flügelspieler

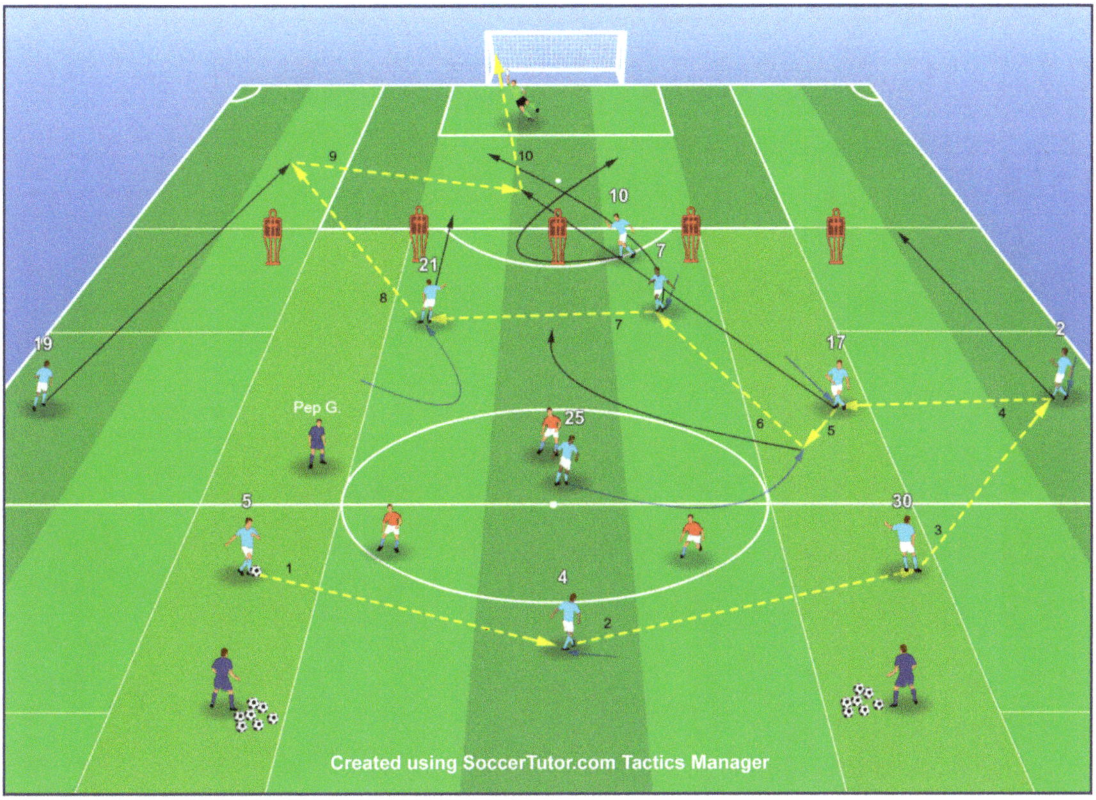

Ablauf

1. Der Linke Innenverteidiger (5) passt nach Innen zum Zentralen Innenverteidiger (4).

2. (4) spielt weiter zum Rechten Innenverteidiger (30).

3. Der Rechte Innenverteidiger (30) passt nach Links zum Flügelspieler (2), der den Ball weit Außen annimmt.

4. (2) passt den Ball zum Offensiven Mittelfeldspieler (17) in den "Halbraum".

5. Der Defensive Mittelfeldspieler (25) bewegt sich zum Ball und erhält ein Zuspiel.

6. Der Defensive Mittelfeldspieler (25) passt zum entgegenkommenden Stürmer (7).

7. (7) passt auf den anderen Offensiven Mittelfeldspieler (21).

8. (21) spielt einen Pass in die Schnittstelle für den einlaufenden Flügelspieler (19).

9. (19) spielt eine flache Hereingabe für die einlaufenden Mitspieler in den Strafraum.

Quelle: Pep Guardiolas Trainingseinheiten bei Manchester City (Vorbereitung) USA Tour - Nissan Stadium, Nashville 29. Juli 2017

Stürmer legt den Ball auf Offensiven Mittelfeldspieler ab + Pass in die Pass in die Schnittstelle

Direkt aus Pep Guardiolas Trainingseinheiten mit Manchester City

Pep Guardiola Trainingsübungen: Offensive Angriffsmuster (3-5-2)

"Es ist unmöglich, gegen eine tiefe Verteidigung das Spiel eng zu machen. Erst breit machen und dann hinterlaufen."

Quelle: Pep Guardiola Interview mit Transversales auf SFR Sport 1, Frankreich - Februar 2018

Angriffsmuster 3-5-2: Stürmer legt den Ball auf Offensiven Mittelfeldspieler ab + Pass in die Schnittstelle

1. Offensiver Mittelfeldspieler spielt Flugball zum aufgerückter Flügelspieler

Ablauf

1. Der Rechte Innenverteidiger (30) passt nach Innen zum Zentralen Innenverteidiger (4).

2. Der Zentrale Innenverteidiger (4) passt zum entgegenkommenden Offensiven Mittelfeldspieler (17), der den Ball im "Halbraum" annimmt.

3. Der Defensive Mittelfeldspieler (25) bewegt sich zum Ball und erhält ein Zuspiel.

4. Der Defensive Mittelfeldspieler (25) passt zum entgegenkommenden Stürmer (7).

5. (7) passt auf den anderen Offensiven Mittelfeldspieler (21).

6. (21) spielt einen Flugball hinter die Kette zum Flügelspieler (2).

7. (2) spielt eine flache Hereingabe für die einlaufenden Mitspieler in den Strafraum.

Quelle: Pep Guardiolas Trainingseinheiten bei Manchester City (Vorbereitung) USA Tour - Nissan Stadium, Nashville 29. Juli 2017

Angriffsmuster 3-5-2: Stürmer legt den Ball auf Offensiven Mittelfeldspieler ab + Pass in die Schnittstelle

2. Offensiver Mittelfeldspieler erhält Zuspiel von Stürmer + Pass in die Schnittstelle auf den Flügelspieler

Ablauf

1. Der Rechte Innenverteidiger (30) passt nach Innen zum Zentralen Innenverteidiger (4).

2. Der Zentrale Innenverteidiger (4) passt zum entgegenkommenden Offensiven Mittelfeldspieler (17), der den Ball im "Halbraum" annimmt.

3. Der Defensive Mittelfeldspieler (25) bewegt sich zum Ball und erhält ein Zuspiel.

4. (25) nimmt den Ball an, dribbelt nach vorne und passt zum Stürmer (10).

5. (10) passt den Ball auf den anderen Offensiven Mittelfeldspieler (21).

6. (21) spielt einen Pass in die Schnittstelle für den einlaufenden Flügelspieler (19).

7. (19) legt den Ball in den Rückraum für (21).

8. (21) kommt zum Abschluss und probiert ein Tor zu schießen.

Quelle: Pep Guardiolas Trainingseinheiten bei Manchester City (Vorbereitung) USA Tour - Nissan Stadium, Nashville 29. Juli 2017

Angriffsmuster 3-5-2: Stürmer legt den Ball auf Offensiven Mittelfeldspieler ab + Pass in die Schnittstelle

3. Offensiver Mittelfeldspieler erhält Zuspiel von hängender Spitze + Pass in die Schnittstelle auf den Flügelspieler

Ablauf

1. Der Rechte Innenverteidiger (30) passt nach Innen zum Zentralen Innenverteidiger (4).

2. Der Zentrale Innenverteidiger (4) passt zum entgegenkommenden Offensiven Mittelfeldspieler (17), der den Ball im "Halbraum" annimmt.

3. Der Defensive Mittelfeldspieler (25) bewegt sich zum Ball und erhält ein Zuspiel.

4. Der Defensive Mittelfeldspieler (25) passt zum entgegenkommenden Stürmer (7).

5. (7) passt auf den anderen Offensiven Mittelfeldspieler (21).

6. (21) spielt einen Pass in die Schnittstelle für den einlaufenden Flügelspieler (19).

7. Der Flügelspieler (19) zieht nach Innen und schließt ab.

Quelle: Pep Guardiolas Trainingseinheiten bei Manchester City (Vorbereitung) USA Tour - Nissan Stadium, Nashville 29. Juli 2017

Angriffsmuster 3-5-2: Stürmer legt den Ball auf Offensiven Mittelfeldspieler ab + Pass in die Schnittstelle

4. Offensiver Mittelfeldspieler erhält Zuspiel von hängender Spitze + Pass in die Schnittstelle auf den Flügelspieler (2)

Ablauf

1. Der Linke Innenverteidiger (5) passt nach Innen zum Zentralen Innenverteidiger (4).
2. (4) spielt weiter zum Rechten Innenverteidiger (30).
3. (30) passt zum Offensiven Mittelfeldspieler (17), der den Ball im "Halbraum" annimmt.
4. Der Defensive Mittelfeldspieler (25) bewegt sich zum Ball und erhält ein Zuspiel.
5. Der Defensive Mittelfeldspieler (25) passt zum entgegenkommenden Stürmer (7).
6. (7) passt auf den anderen Offensiven Mittelfeldspieler (21).
7. (21) spielt einen Pass in die Schnittstelle für den einlaufenden Flügelspieler (19).
8. (19) spielt eine flache Hereingabe für die einlaufenden Mitspieler in den Strafraum.

Quelle: Pep Guardiolas Trainingseinheiten bei Manchester City (Vorbereitung) USA Tour - Nissan Stadium, Nashville 29. Juli 2017

Angriffsmuster 3-5-2: Stürmer legt den Ball auf Offensiven Mittelfeldspieler ab + Pass in die Schnittstelle

5. Spiel durch die Kurzes Kombinationsspiel für Pass in die Schnittstelle

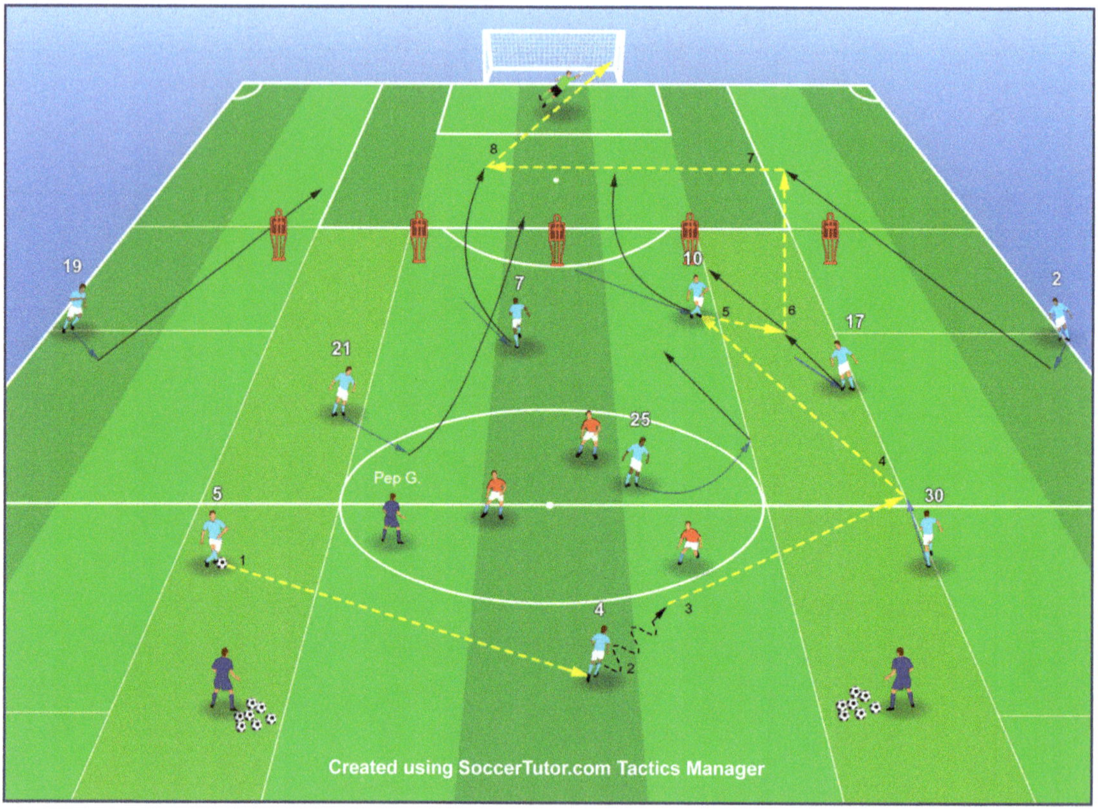

Ablauf

1. Der Linke Innenverteidiger (5) passt nach Innen zum Zentralen Innenverteidiger (4).

2. (4) dribbelt nach rechts an.

3. Der Zentrale Innenverteidiger (4) passt zum Rechten Innenverteidiger (30), der dann andribbelt.

4. (30) passt zum entgegenkommenden Stürmer (10).

5. Der Offensive Mittelfeldspieler (17) bietet sich für ein Zuspiel im "Halbraum" an.

6. (17) spielt einen Pass in die Schnittstelle für den einlaufenden Flügelspieler (2).

7. (2) spielt eine flache Hereingabe für die einlaufenden Mitspieler in den Strafraum.

Quelle: Pep Guardiolas Trainingseinheiten bei Manchester City (Vorbereitung) USA Tour - Nissan Stadium, Nashville 29. Juli 2017

Angriffsmuster 3-5-2: Stürmer legt den Ball auf Offensiven Mittelfeldspieler ab + Pass in die Schnittstelle

6. Offensiver Mittelfeldspieler erhält Zuspiel von Stürmer + Pass in die Schnittstelle auf 2. Stürmer

Ablauf

1. Der Zentrale Innenverteidiger (4) dribbelt an bis er Gegnerdruck erhält.
2. Der Zentrale Innenverteidiger (4) passt zum vorgerückten Linken Innenverteidiger (5).
3. Der Linke Innenverteidiger (5) passt zum Offensiven Mittelfeldspieler (21) in den "Halbraum".
4. Der Defensive Mittelfeldspieler (25) bewegt sich nach vorne und erhält ein Zuspiel.
5. Der Defensive Mittelfeldspieler (25) passt zum entgegenkommenden Stürmer (7).
6. (10) spielt den Ball zurück auf den Offensiven Mittelfeldspieler (21) in den "Halbraum".
7. (21) spielt einen Pass in die Schnittstelle durch die Dummys auf den Stürmer (7).

Quelle: Pep Guardiolas Trainingseinheiten bei Manchester City (Vorbereitung) USA Tour - Nissan Stadium, Nashville 29. Juli 2017

Pep Guardiola Trainingsübungen: Offensive Angriffsmuster (3-5-2)

PEP GUARDIOLA STOPPT DIE TRAININGSEINHEIT AN DIESEM PUNKT UND NIMMT ÄNDERUNGEN VOR:

- Der Linke Offensive Mittelfeldspieler (21) lässt sich neben den Defensiven Mittelfeldspieler (25) fallen.
- (25) bewegt sich leicht nach rechts.
- In vielen der folgenden Spielzüge lässt sich der 2. Stürmer (7) tiefer fallen und erhält Zuspiele im "Halbraum".
- Ein Roter Verteidiger wird entfernt.

Offensiver Mittelfeldspieler lässt sich fallen und die Stürmer bewegen sich in die Halbräume

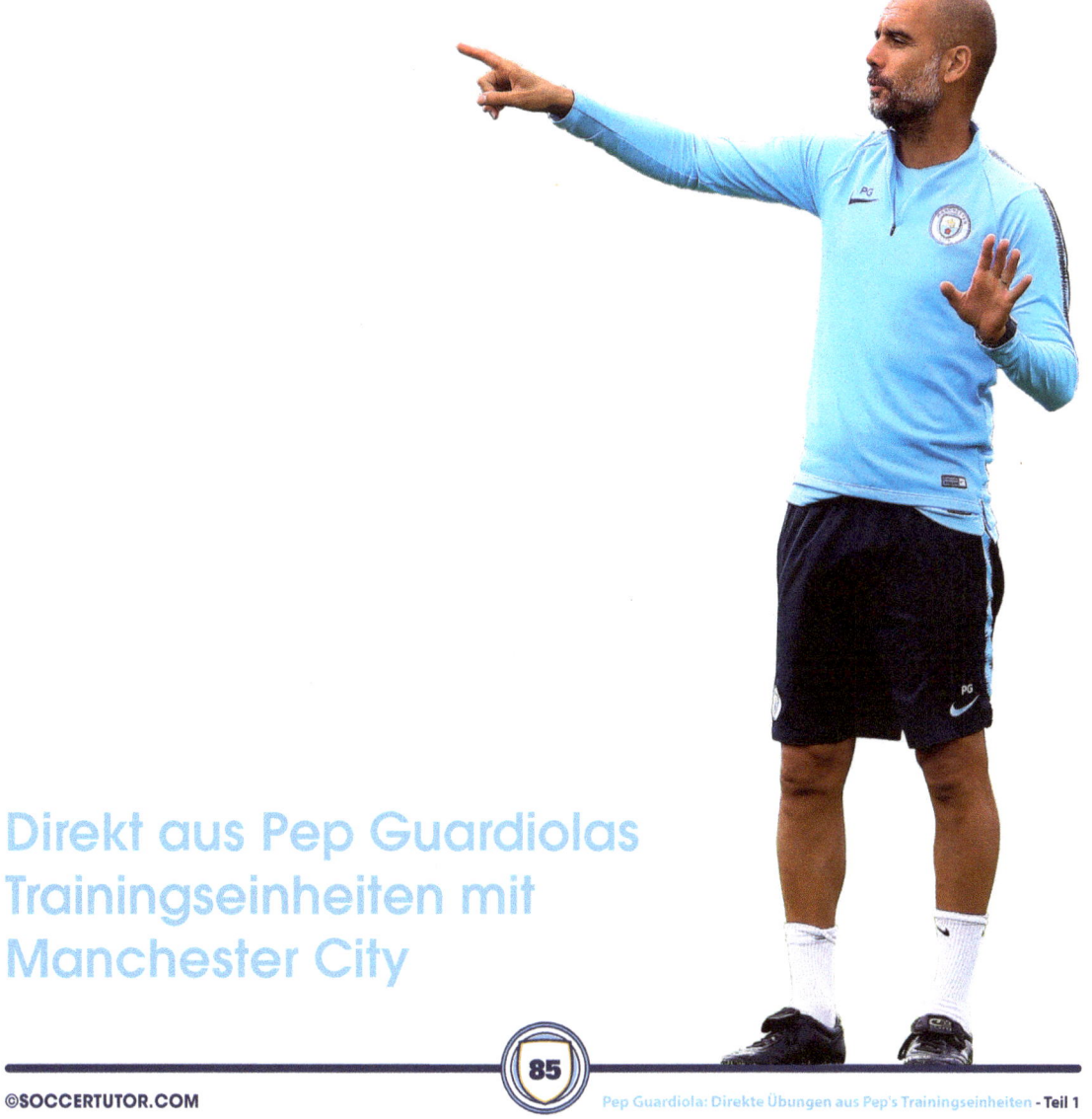

Direkt aus Pep Guardiolas Trainingseinheiten mit Manchester City

Angriffsmuster 3-5-2: Offensiver Mittelfeldspieler lässt sich fallen und die Stürmer bewegen sich in die "Halbräume"

1. Stürmer erhält Zuspiel im Halbraum und passt nach Innen zum Offensiven Mittelfeldspieler

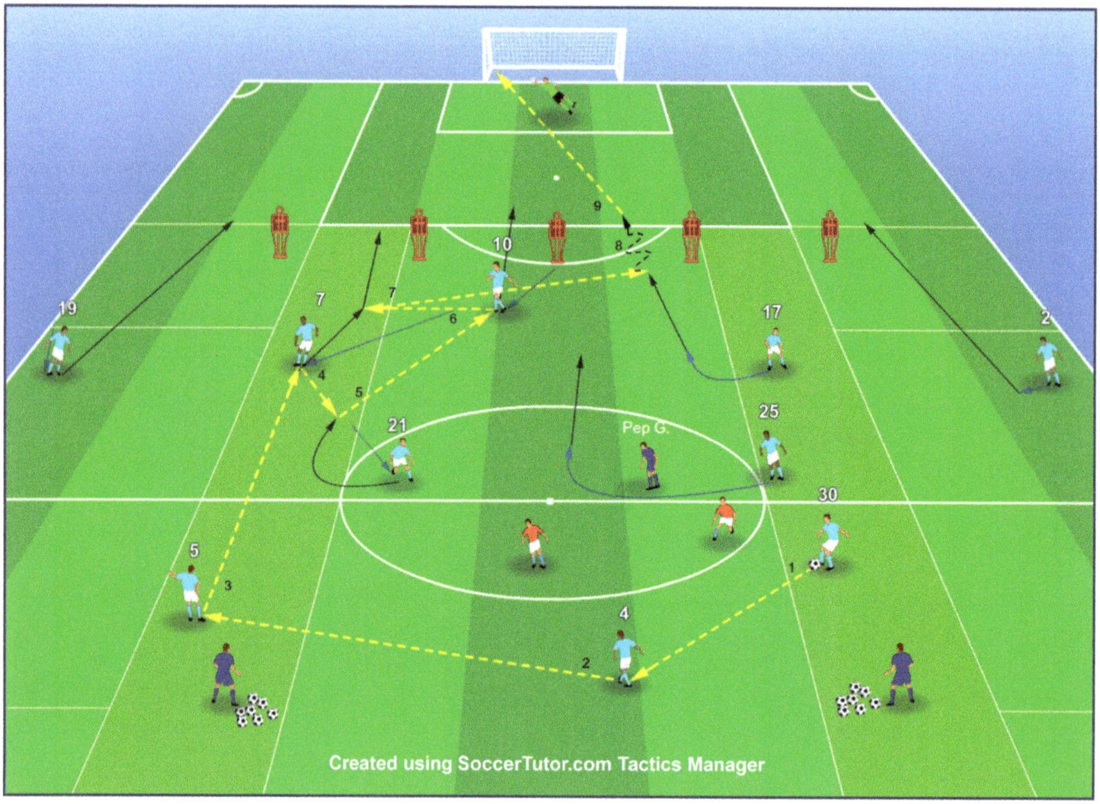

Ablauf

1. Der Rechte Innenverteidiger (30) passt nach Innen zum Zentralen Innenverteidiger (4).

2. Der Zentrale Innenverteidiger (4) passt zum Linken Innenverteidiger (5).

3. (21) lässt sich fallen. (5) spielt einen Pass zum Stürmer (7), der sich in den "Halbraum" hat fallen lassen.

4. (21) bewegt sich jetzt nach vorne um ein Zuspiel von (7) erhalten zu können.

5. (21) passt zum entgegenkommenden Stürmer (10).

6. Der Stürmer (10) legt den Ball quer zum 2. Stürmer (7).

7. (10) passt auf den anderen Offensiven Mittelfeldspieler (17).

8. (17) dribbelt nach vorne zwischen die Dummys und schießt aufs Tor.

Quelle: Pep Guardiolas Trainingseinheiten bei Manchester City (Vorbereitung) USA Tour - Nissan Stadium, Nashville 29. Juli 2017

Angriffsmuster 3-5-2: Offensiver Mittelfeldspieler lässt sich fallen und die Stürmer bewegen sich in die "Halbräume"

2. Defensiver Mittelfeldspieler erhält Zuspiel und spielt Ball durch Schnittstelle zum Flügelspieler zum Flügelspieler

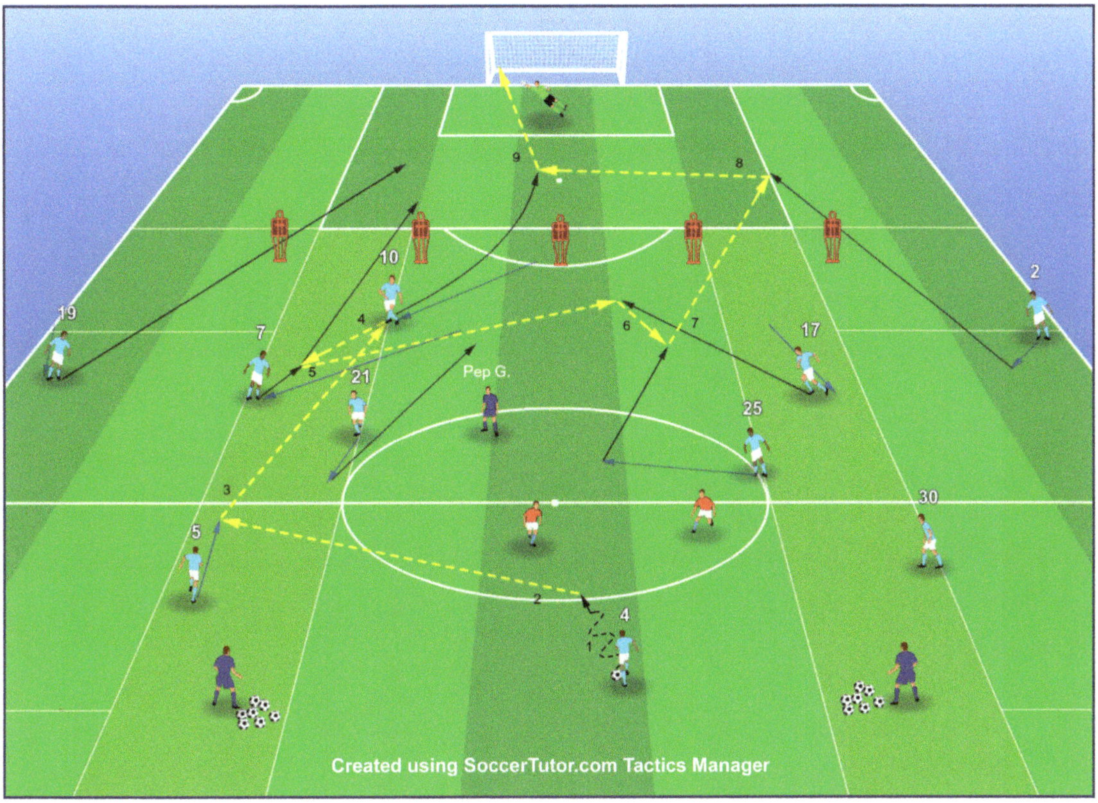

Ablauf

1. Der Zentrale Innenverteidiger (4) dribbelt an bis er Druck vom Gegenspieler erhält.
2. Der Zentrale Innenverteidiger (4) passt zum vorgerückten Linken Innenverteidiger (5).
3. Der Linke Innenverteidiger (5) passt zum sich anbietenden Stürmer (10).
4. Der 2. Stürmer (7) hat sich vorab auf die Linke Seite bewegt und erhält jetzt das Zuspiel von (10).
5. (7) passt zu (17), der sich für ein Zuspiel in der Mitte anspielbar gemacht hat.
6. (25) geht seinem Pass nach und bekommt den Ball zurückgespielt.
7. (25) spielt einen Pass in die Schnittstelle für den Rechten Flügelspieler (2).
8. Beide Stürmer (7 & 10) und der Linke Flügelspieler (19) sprinten in den Strafraum. (2) bedient (10) mit einer flachen Hereingabe.

Quelle: Pep Guardiolas Trainingseinheiten bei Manchester City (Vorbereitung) USA Tour - Nissan Stadium, Nashville 29. Juli 2017

Angriffsmuster 3-5-2: Offensiver Mittelfeldspieler lässt sich fallen und die Stürmer bewegen sich in die "Halbräume"

3. Doppelpass zwischen Flügelspieler und Stürmer im Halbraum

*Der Offensive Mittelfeldspieler (21) rückt mittig ein und der Stürmer (7) besetzt den "Halbraum".

Ablauf

1. Der Rechte Innenverteidiger (30) passt nach Innen zum Zentralen Innenverteidiger (4).
2. Der Zentrale Innenverteidiger (4) dribbelt an.
3. (4) passt zum Stürmer (7) in den "Halbraum".
4. Der Offensive Mittelfeldspieler (21) bewegt sich leicht seitlich um das Zuspiel vom Stürmer erhalten zu können.
5. (21) passt nach Außen zum Linken Flügelspieler (19).
6. (19) passt nach Innen zum Stürmer (7) in den "Halbraum".
7. (7) spielt einen Pass in die Schnittstelle in den Rücken der Abwehr zum Einlaufenden Flügelspieler (19).
8. (19) spielt eine flache Hereingabe für die einlaufenden Mitspieler in den Strafraum.

Quelle: Pep Guardiolas Trainingseinheiten bei Manchester City (Vorbereitung) USA Tour - Nissan Stadium, Nashville 29. Juli 2017

Angriffsmuster 3-5-2: Offensiver Mittelfeldspieler lässt sich fallen und die Stürmer bewegen sich in die "Halbräume"

4. Stürmer spielt Flügelspieler weit außen an + Flanke, Abschluss

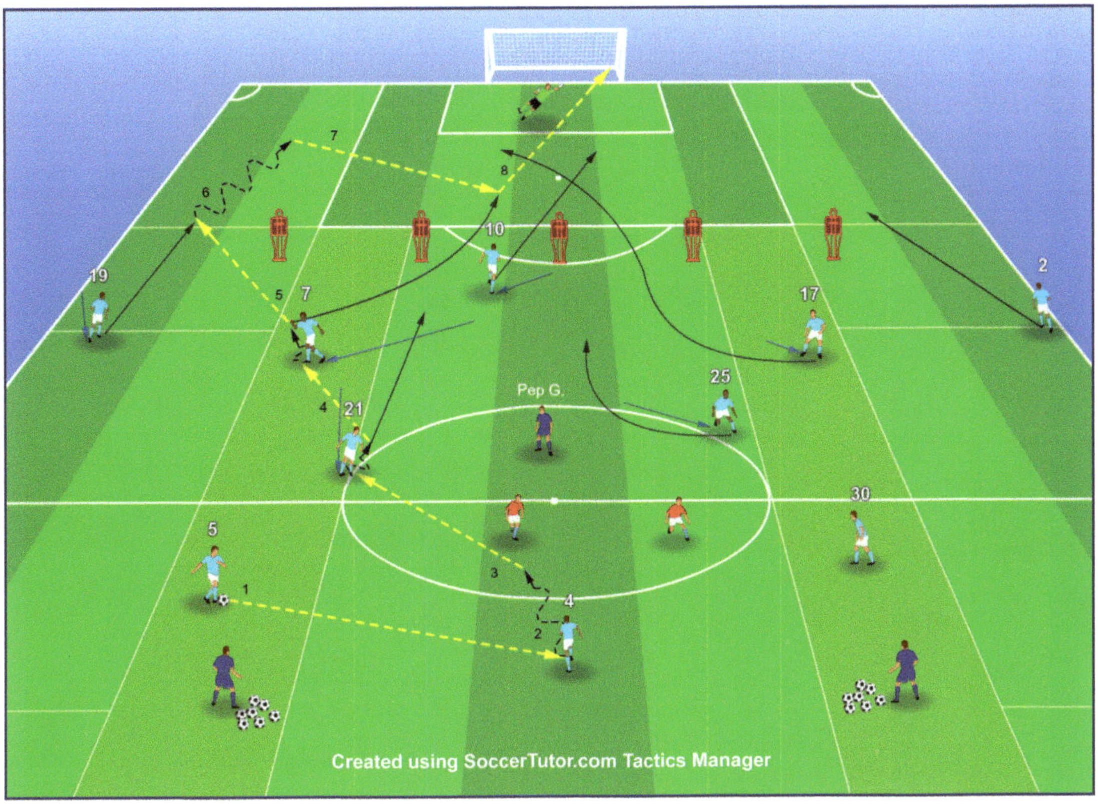

Ablauf

1. Der Linke Innenverteidiger (5) passt nach Innen zum Zentralen Innenverteidiger (4).
2. Der Zentrale Innenverteidiger (4) dribbelt an bis er Druck vom Gegenspieler erhält.
3. Der Zentrale Innenverteidiger (4) passt zum entgegenkommenden Offensiven Mittelfeldspieler (17).
4. (17) dreht auf und passt zum Stürmer (7), welcher sich vorab in den "Halbraum" hat fallen lassen".
5. (7) dreht auf und spielt einen Pass in die Schnittstelle in den Rücken der Abwehr zum Flügelspieler (19).
6. (19) nimmt den Ball an und dribbelt nach vorne.
7. (19) passt den Ball in den Rückraum auf den Stürmer (7).

Quelle: Pep Guardiolas Trainingseinheiten bei Manchester City (Vorbereitung) USA Tour - Nissan Stadium, Nashville 29. Juli 2017

Angriffsmuster 3-5-2: Offensiver Mittelfeldspieler lässt sich fallen und die Stürmer bewegen sich in die "Halbräume"

5. Offensiver Mittelfeldspieler lässt sich fallen, Stürmer kombinieren im Halbraum und verlagern das Spiel

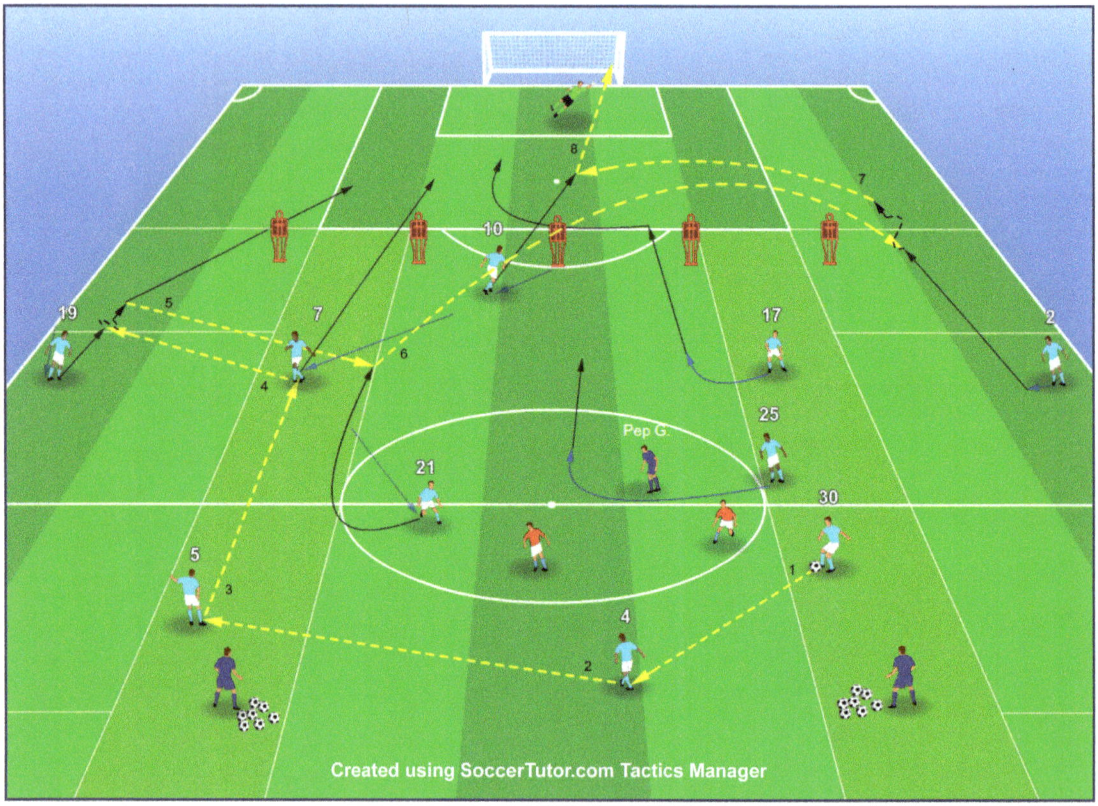

Ablauf

1. Der Rechte Innenverteidiger (30) passt nach Innen zum Zentralen Innenverteidiger (4).

2. Der Zentrale Innenverteidiger (4) passt zum Linken Innenverteidiger (5).

3. (21) lässt sich fallen. (5) spielt einen Pass zum Stürmer (7), der sich in den "Halbraum" hat fallen lassen.

4. (7) passt den Ball nach Außen auf den Linken Flügelspieler (19).

5. Der Offensive Mittelfeldspieler (21) bewegt sich nach vorne und wird so anspielbar für ein Zuspiel von (19).

6. (21) spielt einen Flugball hinter die Kette zum Flügelspieler (2).

7. (2) nimmt den Ball an, dribbelt nach vorn und flankt für seine einlaufenden Mitspieler.

Quelle: Pep Guardiolas Trainingseinheiten bei Manchester City (Vorbereitung) USA Tour - Nissan Stadium, Nashville 29. Juli 2017

Angriffsmuster 3-5-2: Offensiver Mittelfeldspieler lässt sich fallen und die Stürmer bewegen sich in die "Halbräume"

6. Flügelwechsel durch Flugball von einem Offensiven Mittelfeldspieler

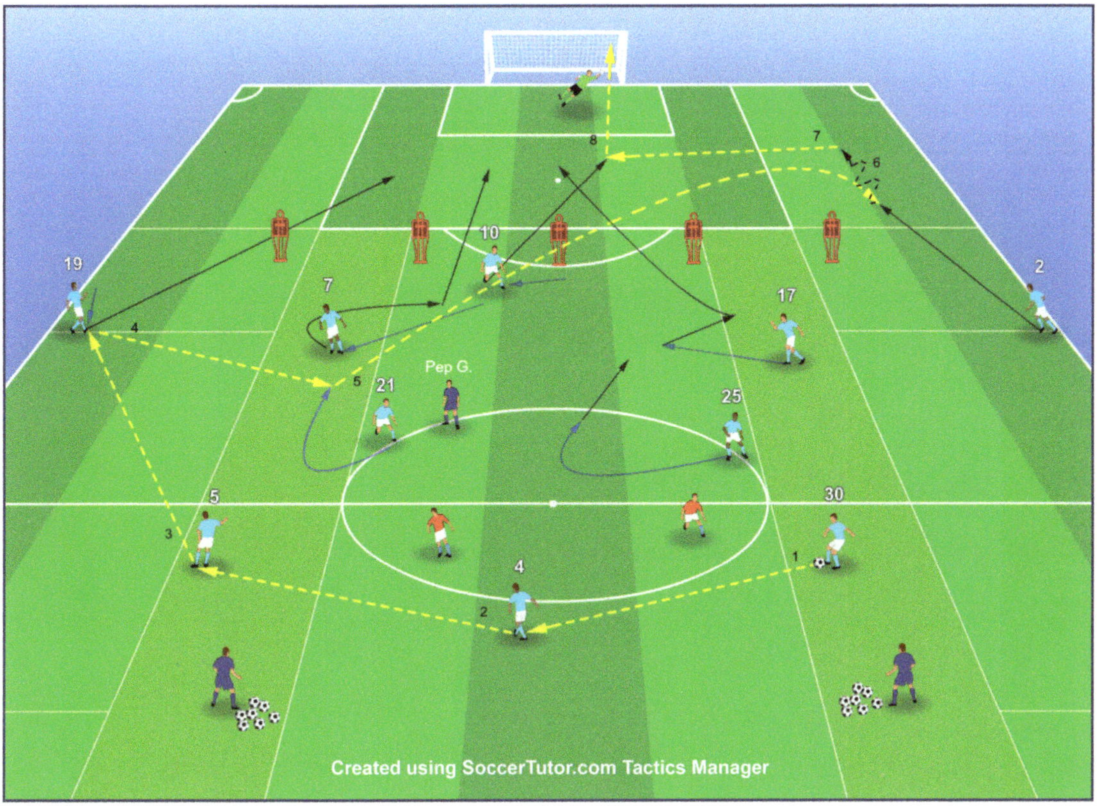

Ablauf

1. Der Rechte Innenverteidiger (30) passt nach Innen zum Zentralen Innenverteidiger (4).

2. Der Zentrale Innenverteidiger (4) passt zum Linken Innenverteidiger (5).

3. Der Linke Innenverteidiger (5) passt nach Links zum Flügelspieler (19), der den Ball weit Außen annimmt.

4. (19) spielt den Ball nach Innen zum Offensiven Mittelfeldspieler (21), der den Ball im "Halbraum" annimmt.

5. (21) spielt einen Diagonalen Flugball in den Rücken der Abwehr zum Rechten Flügelspieler (2).

6. (2) nimmt den Ball an, dribbelt nach vorn und flankt für seine einlaufenden Mitspieler.

Quelle: Pep Guardiolas Trainingseinheiten bei Manchester City (Vorbereitung) USA Tour - Nissan Stadium, Nashville 29. Juli 2017

Angriffsmuster 3-5-2: Offensiver Mittelfeldspieler lässt sich fallen und die Stürmer bewegen sich in die "Halbräume"

7. Stürmer ab + passt durch Schnittstelle zum Flügelspieler auf Flügelspieler

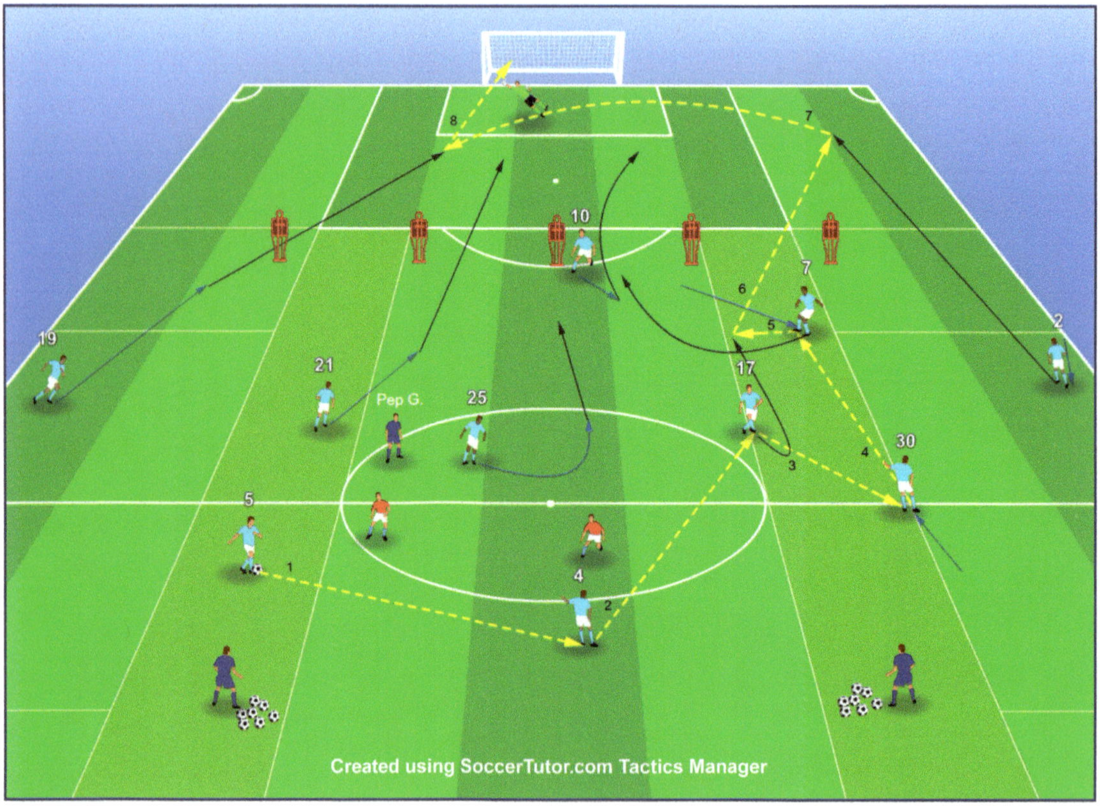

Ablauf

1. Der Linke Innenverteidiger (5) passt nach Innen zum Zentralen Innenverteidiger (4).

2. (4) passt zum Offensiven Mittelfeldspieler (17) in den "Halbraum".

3. (17) passt zum aufgerückten Rechten Innenverteidiger (5).

4. (5) passt zum 2. Stürmer (7), der sich in den "Halbraum" hat fallen lassen.

5. (17) bewegt sich jetzt nach vorne um ein Zuspiel von (7) erhalten zu können.

6. (17) spielt einen Pass in die Schnittstelle für den einlaufenden Flügelspieler (2).

7. (2) legt den Ball zurück auf seine nachrückenden Mitspieler. (21), (10), (19) und (7) bieten allesamt Läufe in den Strafraum an.

Quelle: Pep Guardiolas Trainingseinheiten bei Manchester City (Vorbereitung) USA Tour - Nissan Stadium, Nashville 29. Juli 2017

Angriffsmuster 3-5-2: Offensiver Mittelfeldspieler lässt sich fallen und die Stürmer bewegen sich in die "Halbräume"

8. Stürmer legt auf 2. Stürmer ab + Diagonaler Flugball auf den Flügelspieler

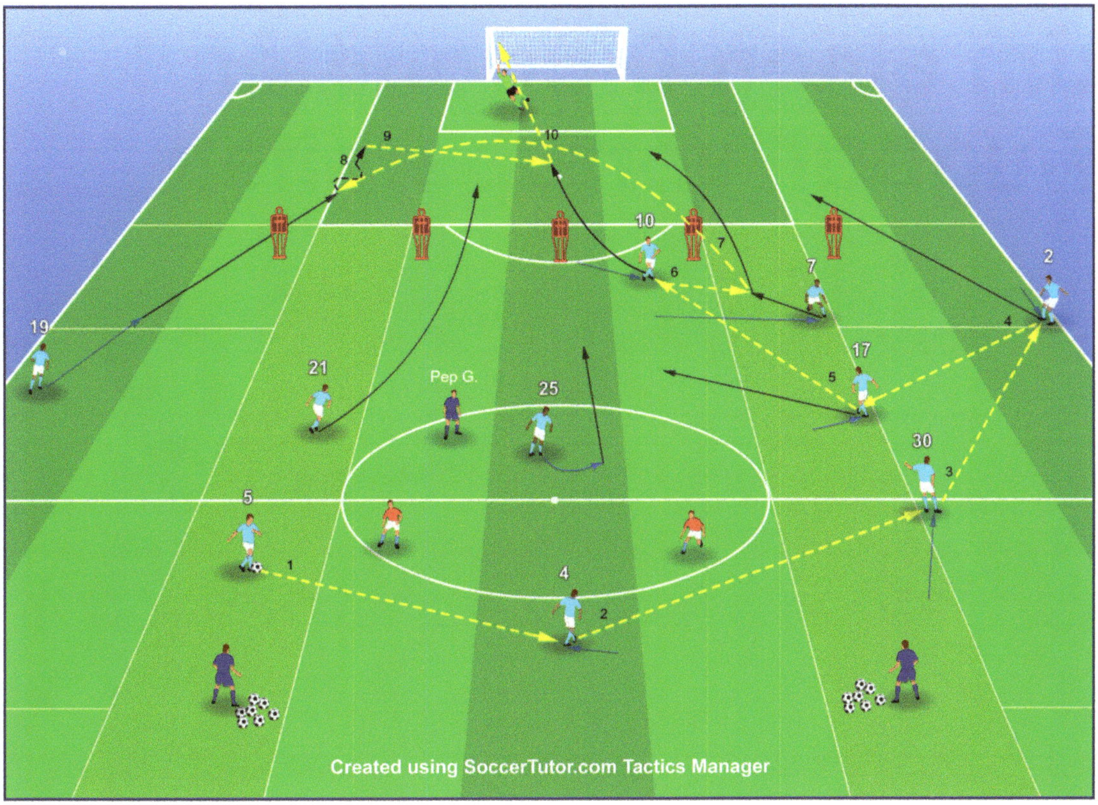

Ablauf

1. Der Linke Innenverteidiger (5) passt nach Innen zum Zentralen Innenverteidiger (4).

2. Der Zentrale Innenverteidiger (4) passt zum Rechten Innenverteidiger (30), der dann andribbelt.

3. Der Rechte Innenverteidiger (30) passt nach Außen zum vorgerückten Flügelspieler (2).

4. (2) passt nach Innen zum Offensiven Mittelfeldspieler (17), der sich im "Halbraum" befinden. Der Stürmer (7) setzt sich seitlich ab.

5. (17) passt zu (10) ins Zentrum.

6. (10) passt zum 2. Stürmer (7) in den "Halbraum".

7. (7) spielt einen Diagonalen Flugball auf den Linken Flügelspieler (19) auf der ballfernen Seite.

8. (19) nimmt den Ball an und dribbelt nach vorne.

9. (19) passt den Ball in den Rückraum auf den Stürmer (10).

Quelle: Pep Guardiolas Trainingseinheiten bei Manchester City (Vorbereitung) USA Tour - Nissan Stadium, Nashville 29. Juli 2017

Sicherer Ballbesitz um einen Diagonalen Flugball vorzubereiten

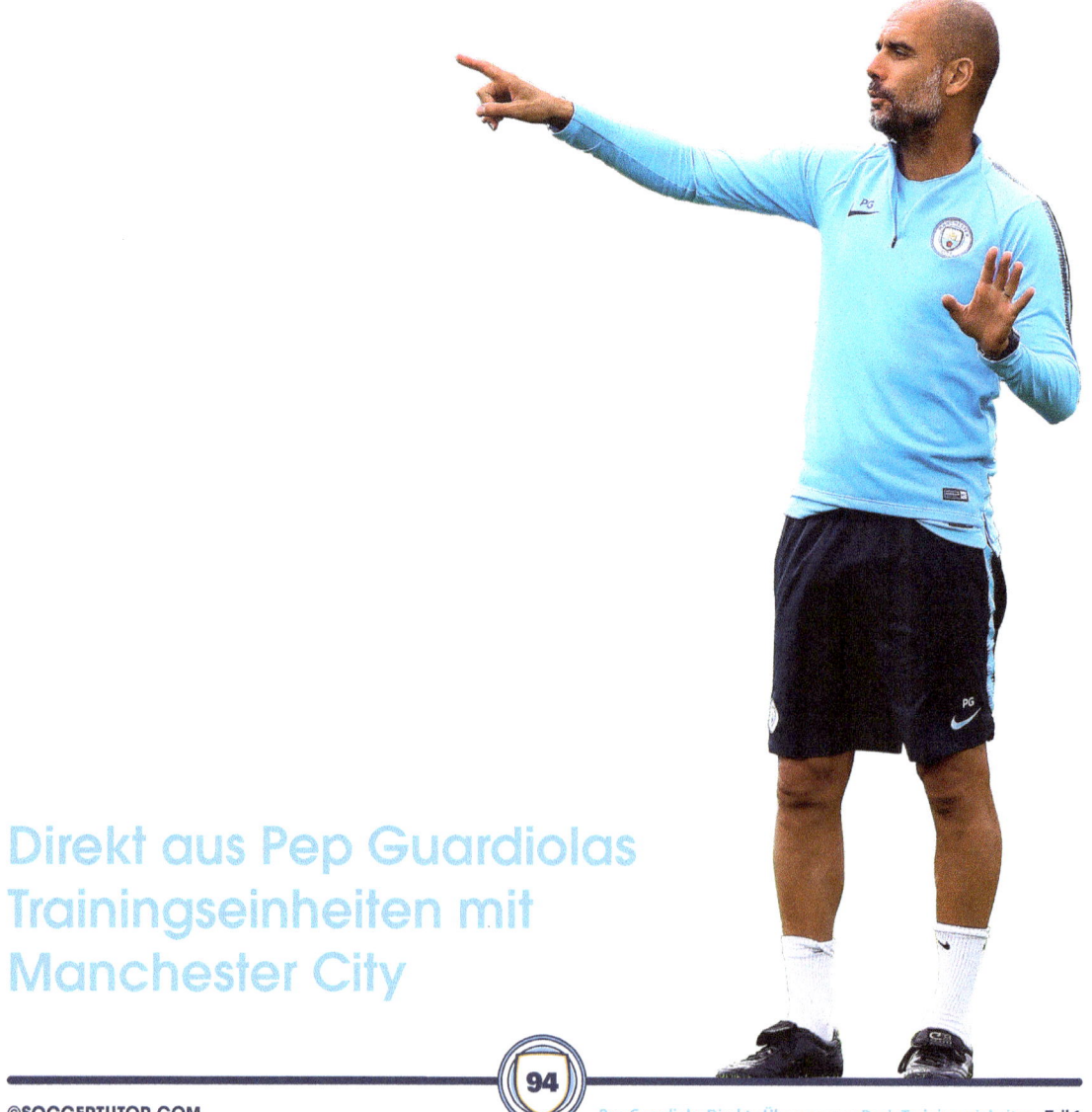

Direkt aus Pep Guardiolas Trainingseinheiten mit Manchester City

Angriffsmuster 3-5-2: Sicherer Ballbesitz um einen Diagonalen Flugball vorzubereiten

1. Schnelles Kombinationsspiel im Zentrum + Flugball auf den Stürmer

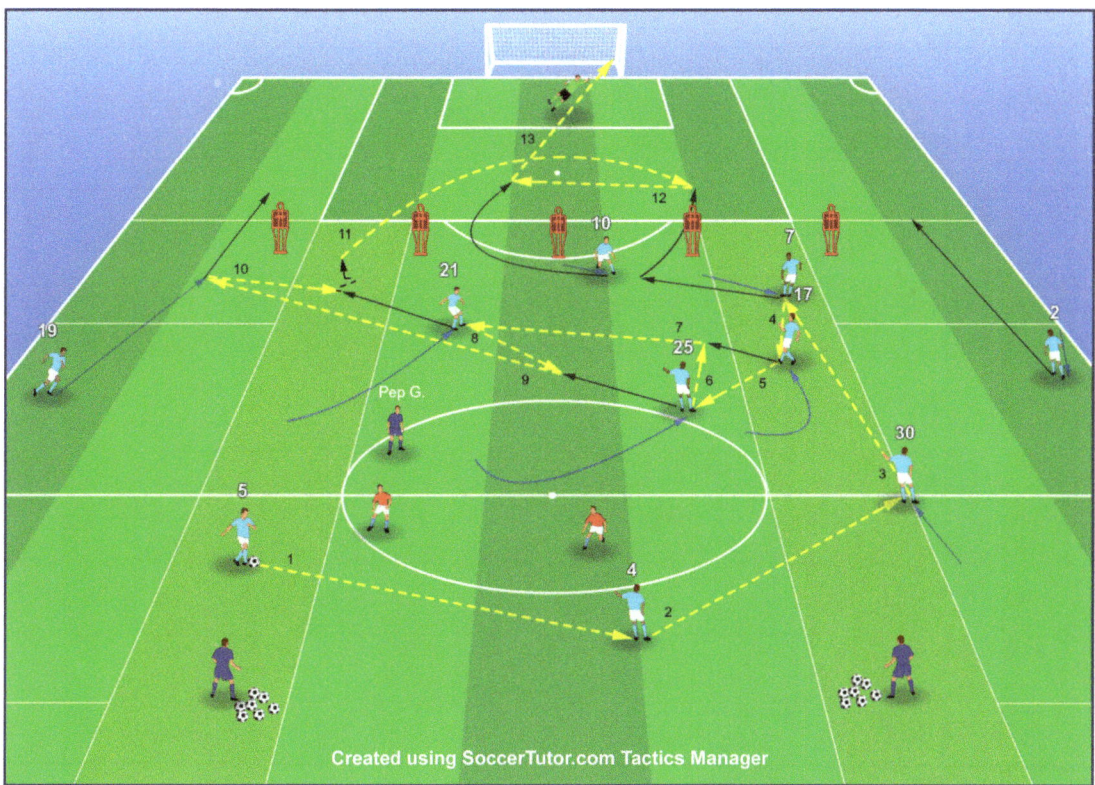

Ablauf

1. Der Linke Innenverteidiger (5) passt nach Innen zum Zentralen Innenverteidiger (4).

2. Der Zentrale Innenverteidiger (4) passt zum Rechten Innenverteidiger (30), der dann andribbelt.

3. Der Rechte Innenverteidiger (30) passt zum Stürmer (7), der sich in den "Halbraum" hat fallen lassen.

4. (17) bewegt sich jetzt nach vorne um ein Zuspiel erhalten zu können.

5 & 6. (17) spielt einen Doppelpass mit dem Defensiven Mittelfeldspieler (25).

7. (17) passt nach Innen zum anderen Offensiven Mittelfeldspieler (21), der sich Diagonal nach vorne orientiert hat.

8. (17) passt zurück zum Defensiven Mittelfeldspieler (25).

9. (25) passt nach Außen zum Linken Flügelspieler (19).

10. (19) passt nach Innen zu (21).

11 & 12. (21) nimmt den Ball an und spielt einen Flugball in den Rücken der Abwehr zum Stürmer (7), der für den Stürmer (10) ablegt.

Quelle: Pep Guardiolas Trainingseinheiten bei Manchester City (Vorbereitung) USA Tour - Nissan Stadium, Nashville 29. Juli 2017

Angriffsmuster 3-5-2: Sicherer Ballbesitz um einen Diagonalen Flugball vorzubereiten

2. Kombinationsspiel mit mehreren Ablagen + Flugball auf den Stürmer

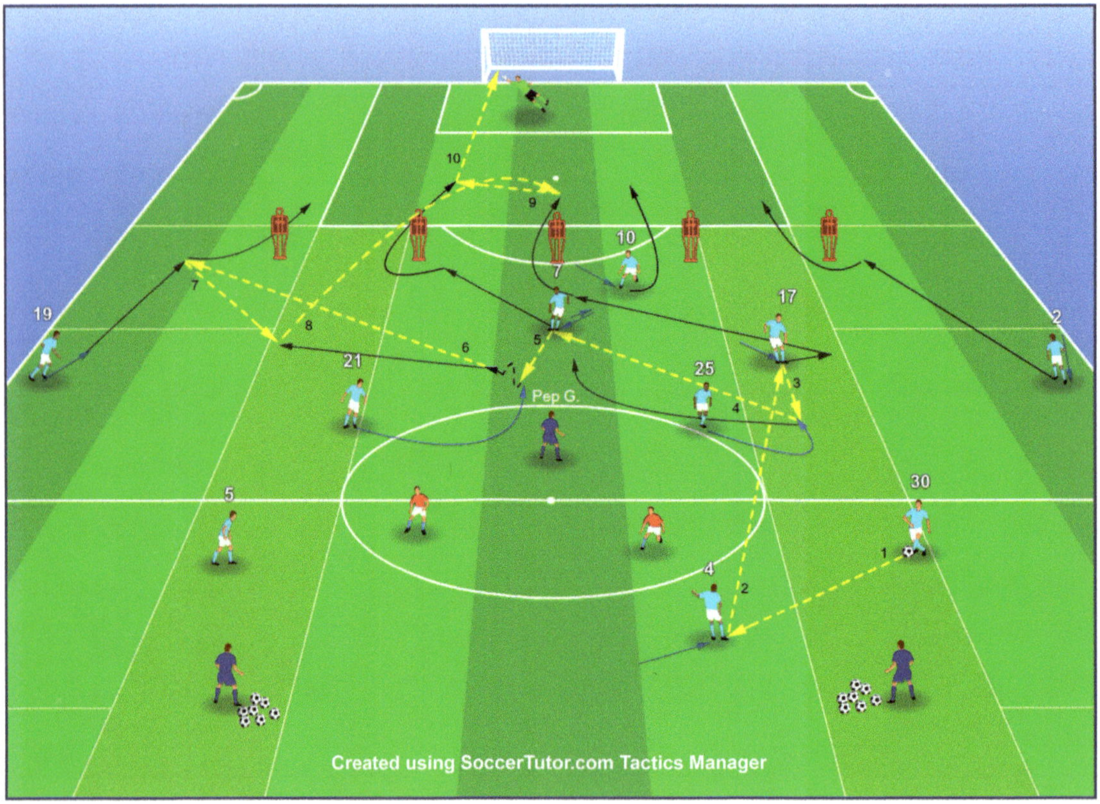

Ablauf

1. Der Rechte Innenverteidiger (30) passt nach Innen zum Zentralen Innenverteidiger (4).
2. (4) passt zum Offensiven Mittelfeldspieler (17) in den "Halbraum".
3. Der Defensive Mittelfeldspieler (25) bewegt sich zum Ball und erhält ein Zuspiel.
4. (25) passt zum Stürmer (7).
5. (7) passt auf den anderen Offensiven Mittelfeldspieler (21).
6. (21) passt nach Außen zum Linken Flügelspieler (19).
7. (19) passt den Ball zum Offensiven Mittelfeldspieler (21) in den "Halbraum".
8. (21) spielt einen Flugball hinter die Kette zum Stürmer (10).
9. (10) passt den Ball zum 2. Stürmer (7), der zum Abschluss kommt.

Quelle: Pep Guardiolas Trainingseinheiten bei Manchester City (Vorbereitung) USA Tour - Nissan Stadium, Nashville 29. Juli 2017

Angriffsmuster 3-5-2: Sicherer Ballbesitz um einen Diagonalen Flugball vorzubereiten

3. Schnelles Kombinationsspiel im Zentrum mit Ablagen + Flugball auf den Flügelspieler (1)

Ablauf

1. Der Rechte Innenverteidiger (30) passt nach Innen zum Zentralen Innenverteidiger (4).

2. Der Zentrale Innenverteidiger (4) dribbelt an.

3. Der Zentrale Innenverteidiger (4) passt zum Linken Innenverteidiger (5), der dann andribbelt.

4. Der Linke Innenverteidiger (5) passt nach zum Stürmer (10).

5. Der Offensive Mittelfeldspieler (21) absolviert einen Bogenlauf und bietet sich für Anspiel durch den Stürmer (10) an.

6 & 7. (21) spielt einen Doppelpass mit dem Defensiven Mittelfeldspieler (25).

8. (21) verlagert jetzt auf den anderen Offensiven Mittelfeldspieler (17), welcher sich vorab nach vorne orientiert hat.

9. (25) bewegt sich seitlich um ein Zuspiel von (17) zu erhalten.

10. (25) passt nach Innen zu (21).

11. (21) spielt einen Flugball hinter die Kette zum Flügelspieler (19).

Quelle: Pep Guardiolas Trainingseinheiten bei Manchester City (Vorbereitung) USA Tour - Nissan Stadium, Nashville 29. Juli 2017

©SOCCERTUTOR.COM — Pep Guardiola: Direkte Übungen aus Pep's Trainingseinheiten - Teil 1

Angriffsmuster 3-5-2: Sicherer Ballbesitz um einen Diagonalen Flugball vorzubereiten

4. Seitenverlagerung von einem Flügel zum anderen und wieder zurück + Flugball in den Rücken der Abwehr

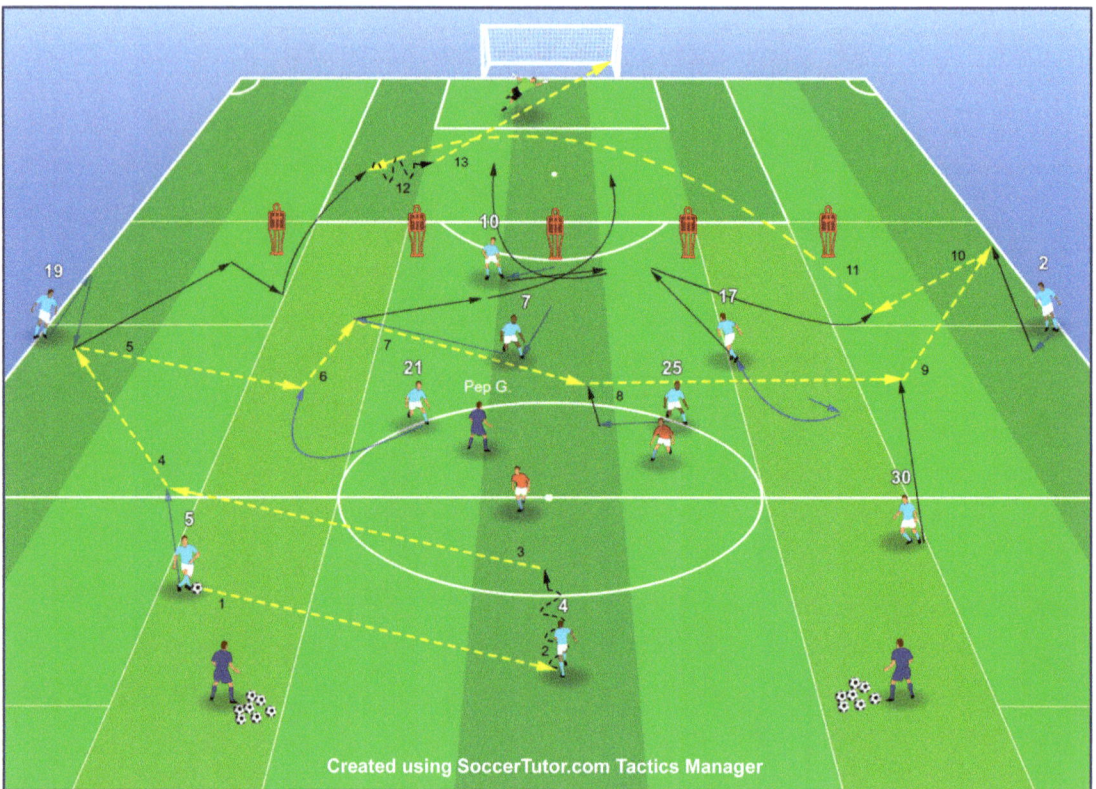

Ablauf

1. Der Linke Innenverteidiger (5) passt nach Innen zum Zentralen Innenverteidiger (4).
2. Der Zentrale Innenverteidiger (4) dribbelt an.
3. Der Zentrale Innenverteidiger (4) passt zum Linken Innenverteidiger (5).
4. Der Linke Innenverteidiger (5) passt nach Links zum Flügelspieler (19), der den Ball weit Außen annimmt.
5. (19) passt den Ball zum Offensiven Mittelfeldspieler (21) in den "Halbraum".
6. (21) passt zum sich anbietenden Stürmer (7) in den "Halbraum".
7. (7) passt zum Defensiven Mittelfeldspieler (25) ins Zentrum.
8. (25) passt zum Rechten Innenverteidiger (30), der dann andribbelt.
9. (30) passt zum Rechten Flügelspieler (2), der sich bereits nach vorne bewegt hat.
10. (2) passt auf den Offensiven Mittelfeldspieler (17) der sich seitlich abgesetzt hat.
11. (17) spielt einen Flugball hinter die Kette zum Flügelspieler (19).

Quelle: Pep Guardiolas Trainingseinheiten bei Manchester City (Vorbereitung) USA Tour - Nissan Stadium, Nashville 29. Juli 2017

Angriffsmuster 3-5-2: Sicherer Ballbesitz um einen Diagonalen Flugball vorzubereiten

5. Schnelles Kombinationsspiel im Zentrum mit Ablagen + Flugball auf den Flügelspieler (2)

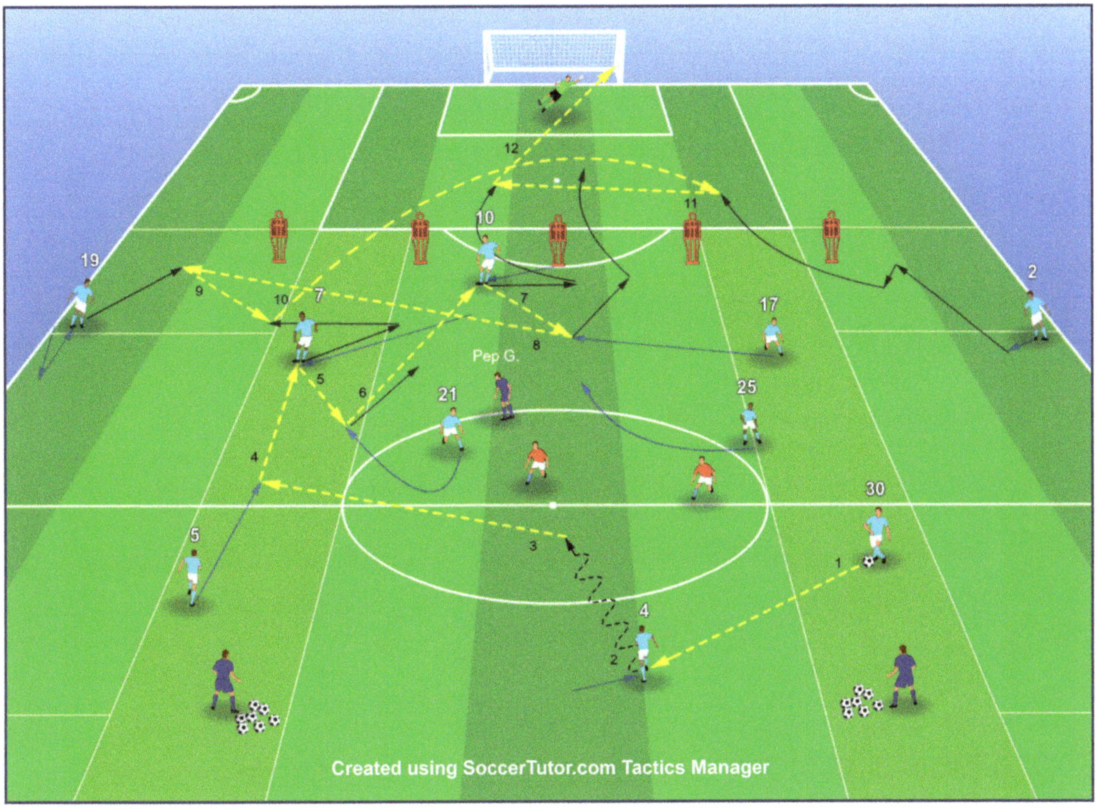

Ablauf

1. Der Rechte Innenverteidiger (30) passt nach Innen zum Zentralen Innenverteidiger (4).

2. Der Zentrale Innenverteidiger (4) dribbelt an.

3. Der Zentrale Innenverteidiger (4) passt zum Linken Innenverteidiger (5) in den "Halbraum".

4. (5) passt zum 2. Stürmer (7), der sich in den "Halbraum" hat fallen lassen.

5. Der Offensive Mittelfeldspieler (21) absolviert einen Bogenlauf und bietet sich für Anspiel an.

6. (21) passt zu (10) ins Zentrum.

7. Der Offensive Mittelfeldspieler (21) bewegt sich leicht seitlich um das Zuspiel vom Stürmer erhalten zu können.

8. (17) passt nach Außen zum Linken Flügelspieler (19).

9. Der Stürmer (7) bewegt sich seitlich um ein Anspiel erhalten zu können.

10. (7) spielt einen Diagonalen Flugball auf den Flügelspieler (2) auf der anderen Seite, der dann den Ball für (10) nach Innen legt.

Quelle: Pep Guardiolas Trainingseinheiten bei Manchester City (Vorbereitung) USA Tour - Nissan Stadium, Nashville 29. Juli 2017

Angriffsmuster 3-5-2: Sicherer Ballbesitz um einen Diagonalen Flugball vorzubereiten

6. Schnelles Kombinationsspiel im Halbraum + Flugball auf den ballfernen Flügelspieler

Ablauf

1. Der Rechte Innenverteidiger (5) passt nach Innen zum Zentralen Innenverteidiger (4).
2. (4) dribbelt an und passt zum Defensiven Mittelfeldspieler (25).
3. Der Defensive Mittelfeldspieler (25) passt zurück auf den Rechten Innenverteidiger (30).
4. (30) passt zum Offensiven Mittelfeldspieler (17).
5. Der Defensive Mittelfeldspieler (25) bewegt sich zum Ball und erhält ein Zuspiel.
6. (25) passt nach Außen zum Rechten Flügelspieler (2).
7. (2) passt den Ball zum Offensiven Mittelfeldspieler (17) in den "Halbraum".
8. Der Defensive Mittelfeldspieler (25) bewegt sich zum Ball und erhält ein Zuspiel.
9 & 10. (25) spielt einen Doppelpass mit dem Offensiven Mittelfeldspieler (21), der sich dann ins Zentrum orientiert.
11. (25) spielt einen Diagonalball in den Rücken der Abwehr zum Linken Flügelspieler (19).

Quelle: Pep Guardiolas Trainingseinheiten bei Manchester City (Vorbereitung) USA Tour - Nissan Stadium, Nashville 29. Juli 2017

Kombinationsspiel mit dem Flügelspieler

Direkt aus Pep Guardiolas Trainingseinheiten mit Manchester City

Pep Guardiolas Angriffsmuster 3-5-2: Kombinationsspiel mit dem Flügelspieler

1. Kurzes Kombinationsspiel um den Flügelspieler mit Pass in die Schnittstelle anzuspielen

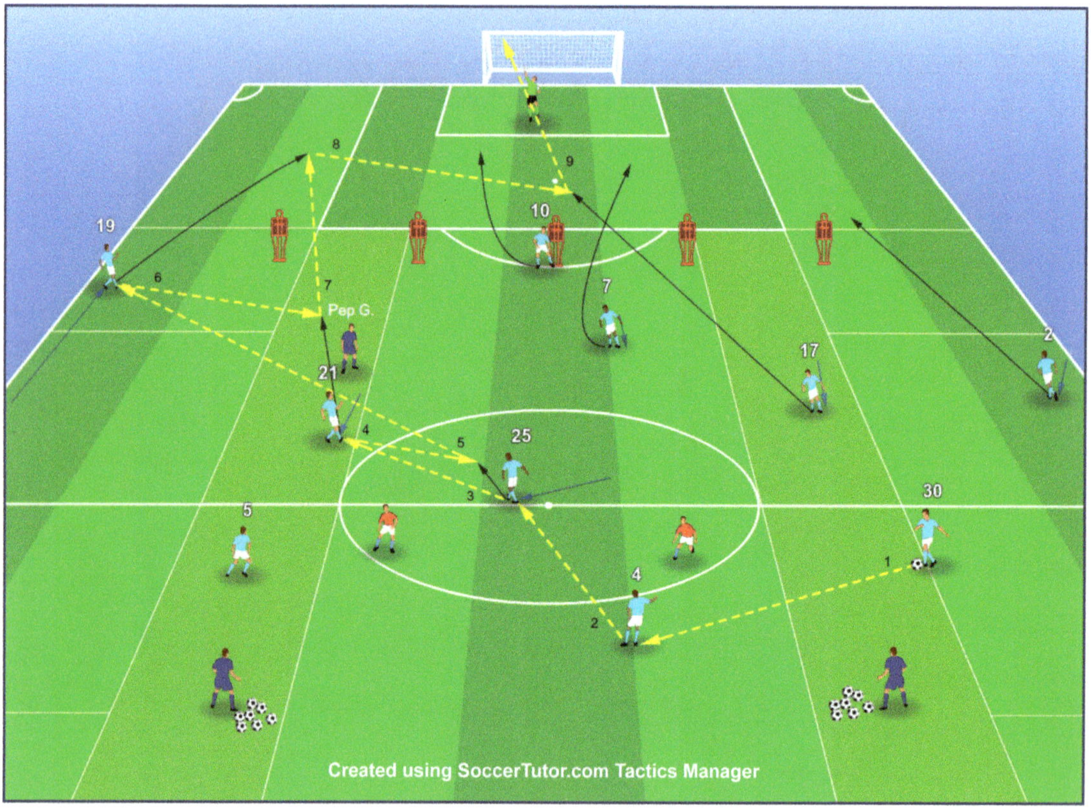

Ablauf

1. Der Rechte Innenverteidiger (30) passt nach Innen zum Zentralen Innenverteidiger (4).

2. (4) passt zum Defensiven Mittelfeldspieler (25) ins Zentrum.

3. (25) passt zum Offensiven Mittelfeldspieler (21) in den "Halbraum".

4. (21) spielt den Ball direkt zurück auf (25).

5. (25) passt nach Außen zum Linken Flügelspieler (19).

6. (19) passt nach Innen zu (21).

7. (21) spielt einen Pass in die Schnittstelle in den Rücken der Abwehr zum Einlaufenden Flügelspieler (19).

8. (19) spielt eine flache Hereingabe für die einlaufenden Mitspieler in den Strafraum.

Quelle: Pep Guardiolas Trainingseinheiten bei Manchester City (Vorbereitung) USA Tour - Nissan Stadium, Nashville 29. Juli 2017

Pep Guardiolas Angriffsmuster 3-5-2: Kombinationsspiel mit dem Flügelspieler

2. Kurzes Kombinationsspieler um den Flügelspieler mit Pass in die Schnittstelle anzuspielen

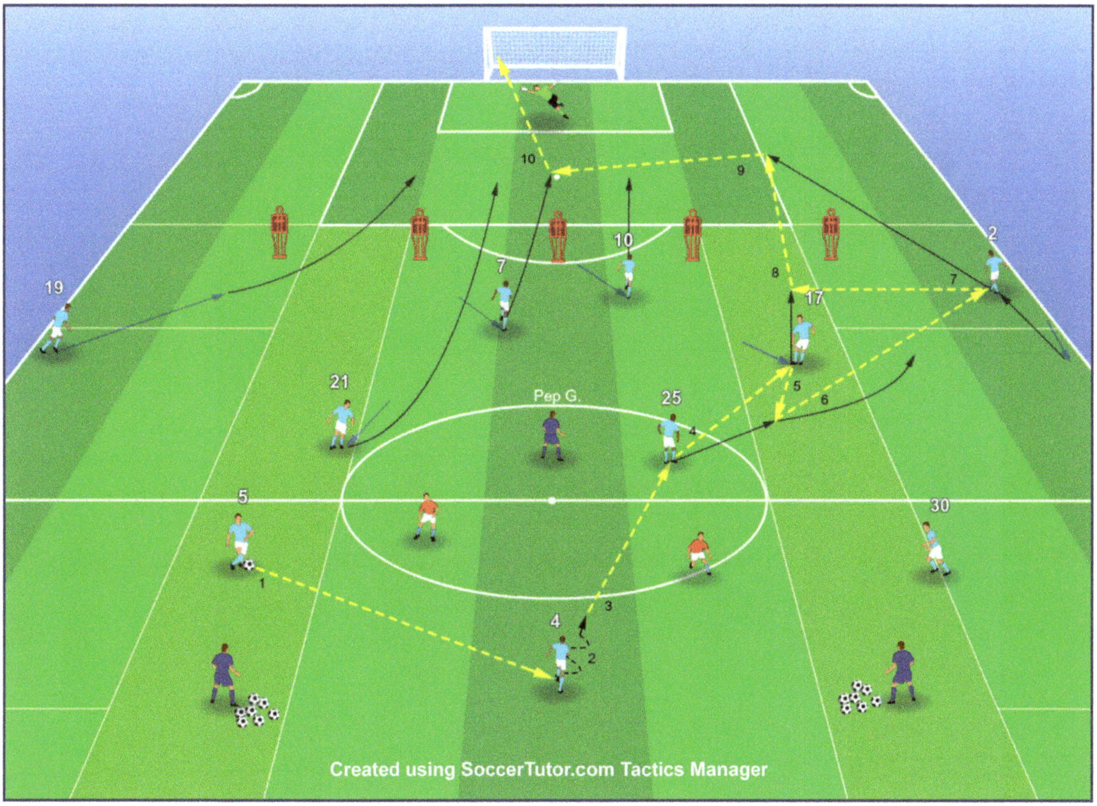

Ablauf

1. Der Linke Innenverteidiger (5) passt nach Innen zum Zentralen Innenverteidiger (4).
2. Der Zentrale Innenverteidiger (4) dribbelt an.
3. (4) passt zum Defensiven Mittelfeldspieler (25).
4. (25) passt zum Offensiven Mittelfeldspieler (17) in den "Halbraum".
5. (25) erhält das Zuspiel von (17) im "Halbraum".
6. (25) spielt den Ball auf den Rechten Flügelspieler (2), der sich nach vorne orientiert.
7. (2) passt den Ball zum Offensiven Mittelfeldspieler (17) in den "Halbraum".
8. (17) spielt einen Pass in die Schnittstelle für den einlaufenden Flügelspieler (2).
9. (2) spielt eine flache Hereingabe für die einlaufenden Mitspieler in den Strafraum.

Quelle: Pep Guardiolas Trainingseinheiten bei Manchester City (Vorbereitung) USA Tour - Nissan Stadium, Nashville 29. Juli 2017

Pep Guardiolas Angriffsmuster 3-5-2: Kombinationsspiel mit dem Flügelspieler

3. Pass auf den Flügelspieler + Ball durch Schnittstelle auf den Offensiven Mittelfeldspieler

Ablauf

1. Der Linke Innenverteidiger (5) passt nach Innen zum Zentralen Innenverteidiger (4).
2. Der Zentrale Innenverteidiger (4) dribbelt an.
3. (4) passt zum Defensiven Mittelfeldspieler (25).
4. Der Defensive Mittelfeldspieler (25) passt zurück auf den Rechten Innenverteidiger (30).
5. (30) passt zum Offensiven Mittelfeldspieler (17).
6. Der Defensive Mittelfeldspieler (25) bewegt sich zum Ball und erhält ein Zuspiel.
7. (25) passt nach Außen zum Rechten Flügelspieler (2).
8. (2) passt in den Rücken der Abwehr zum einlaufenden Offensiven Mittelfeldspieler (17).
9. (17) legt den Ball für die einlaufenden Mitspieler nach Innen.

Quelle: Pep Guardiolas Trainingseinheiten bei Manchester City (Vorbereitung) USA Tour - Nissan Stadium, Nashville 29. Juli 2017

Pep Guardiolas Angriffsmuster 3-5-2: Kombinationsspiel mit dem Flügelspieler

4. Spielverlagerung auf den Flügelspieler + Pass in die Schnittstelle auf den Offensiven Mittelfeldspieler

Ablauf

1. Der Rechte Innenverteidiger (30) passt nach Innen zum Zentralen Innenverteidiger (4).

2. Der Zentrale Innenverteidiger (4) dribbelt leicht nach Links an.

3. Der Zentrale Innenverteidiger (4) passt zum Linken Innenverteidiger (5), der dann andribbelt.

4. (5) passt zum 2. Stürmer (7), der sich in den "Halbraum" hat fallen lassen.

5. Der Offensive Mittelfeldspieler (17) bietet sich für ein Zuspiel im "Halbraum" an.

6. (17) passt zu (10) ins Zentrum.

7. Der Defensive Mittelfeldspieler (25) bewegt sich zum Ball und erhält ein Zuspiel.

8. (25) spielt den Ball auf den Rechten Flügelspieler (2), der sich nach vorne orientiert.

9. (2) passt in den Rücken der Abwehr zum einlaufenden Offensiven Mittelfeldspieler (17).

Quelle: Pep Guardiolas Trainingseinheiten bei Manchester City (Vorbereitung) USA Tour - Nissan Stadium, Nashville 29. Juli 2017

Pep Guardiolas Angriffsmuster 3-5-2: Kombinationsspiel mit dem Flügelspieler

5. Spiel über Linien + Pass durch Schnittstelle vom Flügelspieler auf den Offensiven Mittelfeldspieler

Ablauf

1. Der Linke Innenverteidiger (5) passt nach Innen zum Zentralen Innenverteidiger (4).

2. Der Zentrale Innenverteidiger (4) dribbelt an.

3. Der Zentrale Innenverteidiger (4) passt zum Defensiven Mittelfeldspieler (25), der sich vor seiner Ballannahme vororientiert.

4. (25) passt zum Offensiven Mittelfeldspieler (21) in den "Halbraum".

5. (21) passt nach Außen zum Linken Flügelspieler (19).

6. (19) passt in den Rücken der Abwehr zum einlaufenden Offensiven Mittelfeldspieler (21).

7. (21) legt den Ball in den Rückraum für (10).

Quelle: Pep Guardiolas Trainingseinheiten bei Manchester City (Vorbereitung) USA Tour - Nissan Stadium, Nashville 29. Juli 2017

Offensive Mittelfeldspieler - Dribbling im Zentrum

Direkt aus Pep Guardiolas Trainingseinheiten mit Manchester City

Pep Guardiolas Angriffsmuster 3-5-2: Offensive Mittelfeldspieler - Dribbling im Zentrum

1. Schnelles Kombinationsspiel in und um die Halbräume + Pass ins Zentrum zum Offensiven Mittelfeldspieler

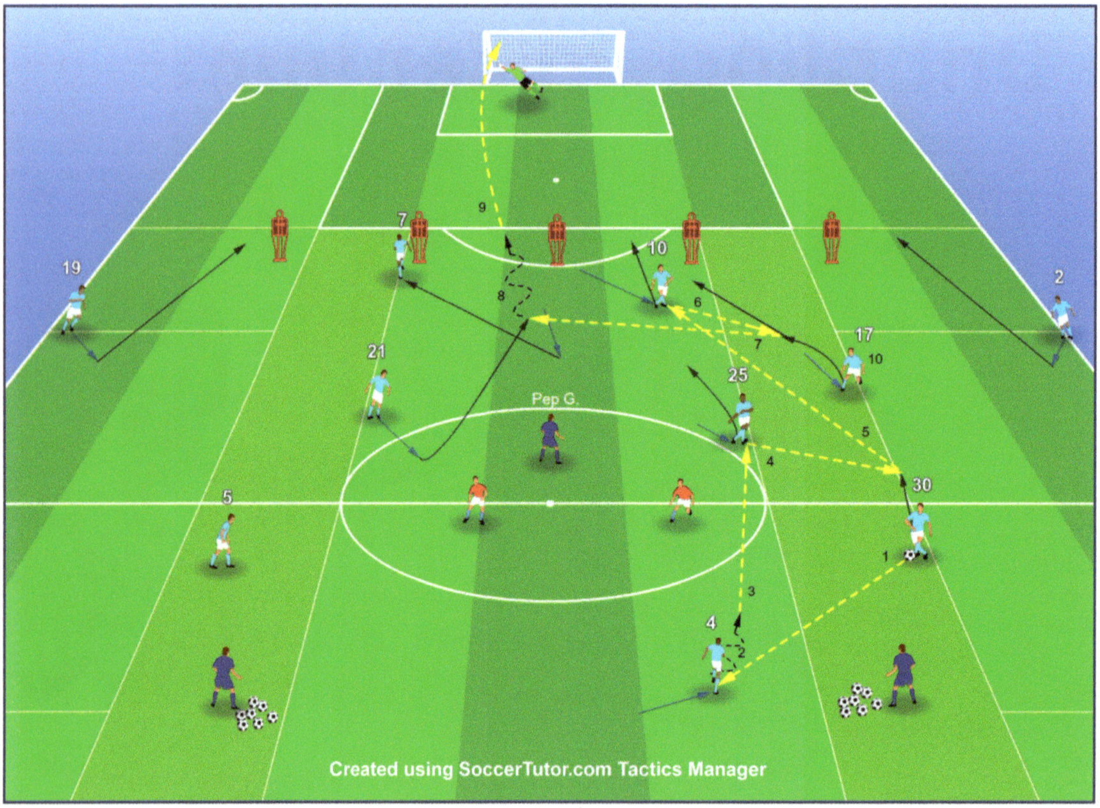

Ablauf

1. Der Linke Innenverteidiger (5) passt nach Innen zum Zentralen Innenverteidiger (4).
2. Der Zentrale Innenverteidiger (4) dribbelt an.
3. (4) passt zum Defensiven Mittelfeldspieler (25).
4. Der Defensive Mittelfeldspieler (25) passt zurück auf den Rechten Innenverteidiger (30).
5. Der Rechte Innenverteidiger (30) passt zum Stürmer (10).
6. Der Offensive Mittelfeldspieler (17) bietet sich für ein Zuspiel im "Halbraum" an.
7. (17) passt zu (21), der sich für ein Zuspiel in der Mitte anspielbar gemacht hat.
8. (21) dribbelt nach vorne zwischen die Dummys und schießt aufs Tor.
9. (21) schließt von außerhalb des Strafraums ab.

Quelle: Pep Guardiolas Trainingseinheiten bei Manchester City (Vorbereitung) USA Tour - Nissan Stadium, Nashville 29. Juli 2017

©SOCCERTUTOR.COM — Pep Guardiola: Direkte Übungen aus Pep's Trainingseinheiten - Teil 1

Pep Guardiolas Angriffsmuster 3-5-2: Offensive Mittelfeldspieler - Dribbling im Zentrum

2. Beide Stürmer kombinieren und kreieren Raum für den Offensiven Mittelfeldspieler

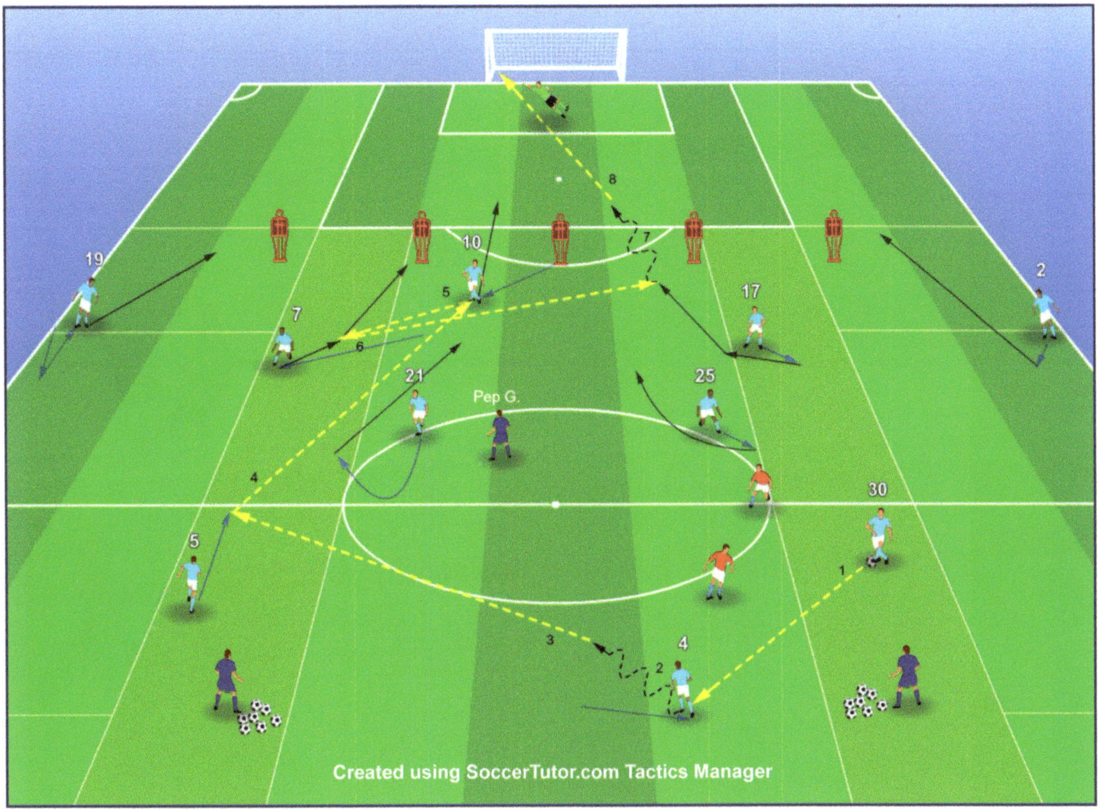

Ablauf

1. Der Rechte Innenverteidiger (30) passt nach Innen zum Zentralen Innenverteidiger (4).

2. Der Zentrale Innenverteidiger (4) dribbelt leicht nach Links an.

3. Der Zentrale Innenverteidiger (4) passt zum Linken Innenverteidiger (5), der dann andribbelt.

4. Der Linke Innenverteidiger (5) passt zum sich anbietenden Stürmer (10).

5. (7) hat sich in den Linken "Halbraum" fallen lassen und bewegt sich jetzt nach vorn um ein Zuspiel erhalten zu können.

6. (7) passt zu (17), der sich für ein Zuspiel in der Mitte anspielbar gemacht hat und jetzt nach vorne dribbelt.

7. (17) dribbelt nach vorne zwischen die Dummys und auf das Tor zu.

8. (17) schließt im Strafraum ab.

Quelle: Pep Guardiolas Trainingseinheiten bei Manchester City (Vorbereitung) USA Tour - Nissan Stadium, Nashville 29. Juli 2017

OFFENSIVES KOMBINATIONSSPIEL & ABSCHLUSS

Pep Guardiola Trainingsübungen: Offensive Angriffsmuster und Abschlüsse

"Mein Fußball ist einfach: Angriff, Angriff, Angriff."

"Ich liebe es, anzugreifen. Das ist meine Vorstellung vom Fußball. Es ist die Geschwindigkeit des Angriffs, der einen fasziniert."

Offensives Kombinationsspiel - Kreieren und Verwerten von Torchancen

Direkt aus Pep Guardiolas Trainingseinheiten mit Manchester City

Trainingsübungen: Offensives Kombinationsspiel - Kreieren und Verwerten von Torchancen

1. Passspiel und Annahmeverhalten im Offensiven Kombinationsspiel. Ablage, Dribbling und Abschluss

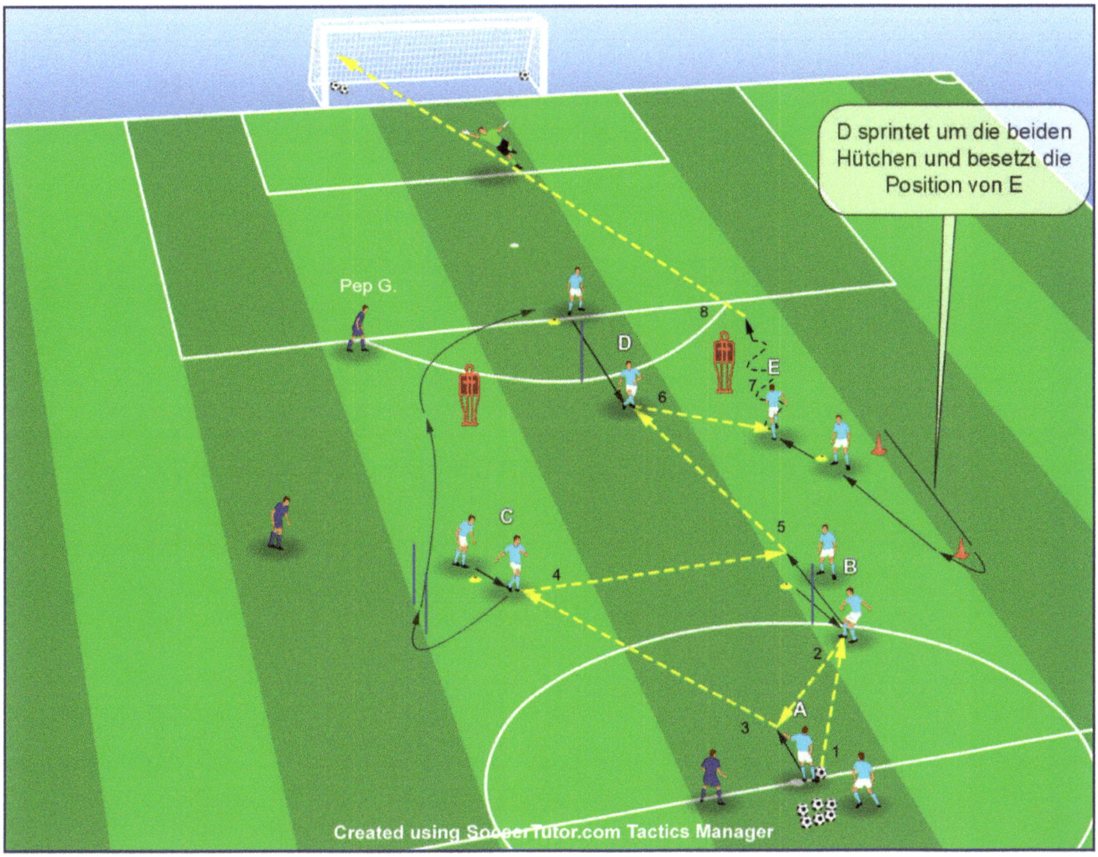

Ablauf

1. A passt zu B, der sich dann wieder hinter das Hütchen fallen lässt.
2. B passt zurück zu A.
3. B passt zu C.
4. C spielt auf B, der sich wieder vor das Hütchen bewegt hat.
5. B passt auf D, der sich auf die Höhe der Dummys hat fallen lassen.
6. D legt ab auf E.
7. E nimmt den Ball an und dribbelt am Dummy vorbei.
8. E schießt aufs Tor.
9. Die Spieler rotieren eine Position weiter: (A -> B -> C ->D ->E ->A).

Quelle: Pep Guardiolas Manchester City Trainingseinheit am Etihad Campus Trainingsgelände, Manchester - 12. Juli 2017

Trainingsübungen: Offensives Kombinationsspiel - Kreieren und Verwerten von Torchancen

2. Passkombination, Pass durch Schnittstelle und Abschluss

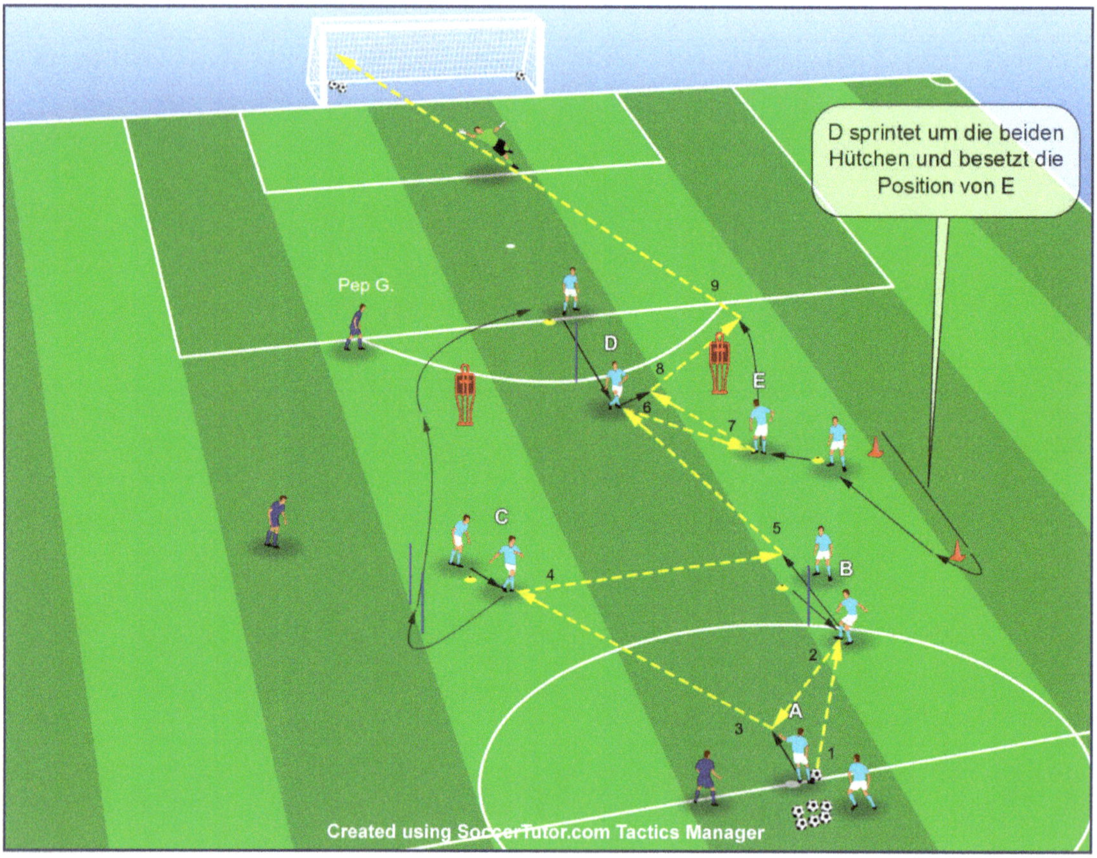

Ablauf

- In dieser Variation der vorherigen Übung dribbelt E nach dem Anspiel durch D nicht nach vorne.

- E spielt einen Doppelpass mit D und schließt anschließend direkt ab.

- Die Spieler rotieren eine Position weiter: (A -> B -> C -> D -> E -> A).

Quelle: Pep Guardiolas Manchester City Trainingseinheit am Etihad Campus Trainingsgelände, Manchester - 12. Juli 2017

Trainingsübungen: Offensives Kombinationsspiel - Kreieren und Verwerten von Torchancen

3. Passkombination + Doppelpass und Schuss

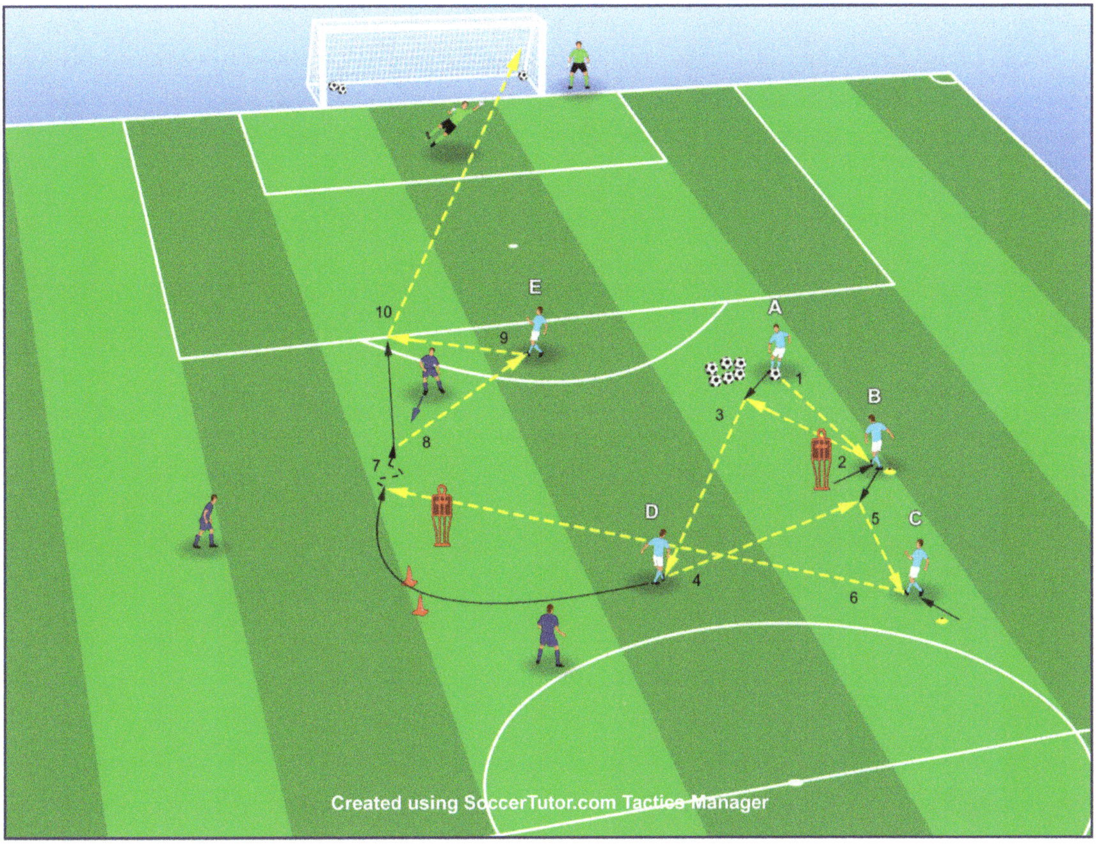

Ablauf

1. A passt zu B.
2. B passt leicht in den Vorlauf zurück zu A.
3. A spielt quer auf D.
4. D passt zu B, der sich vom Dummy abgesetzt hat.
5. C passt zu C.
6. D sprintet bogenförmig durch das Rote Hütchentor und erhält einen Pass von C.
7. D dribbelt an und wird durch den Trainer unter Druck gesetzt.
8. A passt zu E.
9 & 10. E passt zurück zu A und kommt zum Abschluss.
11. Die Spieler rotieren eine Position weiter: (A -> B -> C ->D ->E ->A).

Quelle: Pep Guardiolas Manchester City Trainingseinheit am Etihad Campus Trainingsgelände, Manchester - 3. Mai 2018

Trainingsübungen: Offensives Kombinationsspiel - Kreieren und Verwerten von Torchancen

4. Passkombination + Flugball, Doppelpass und Schuss

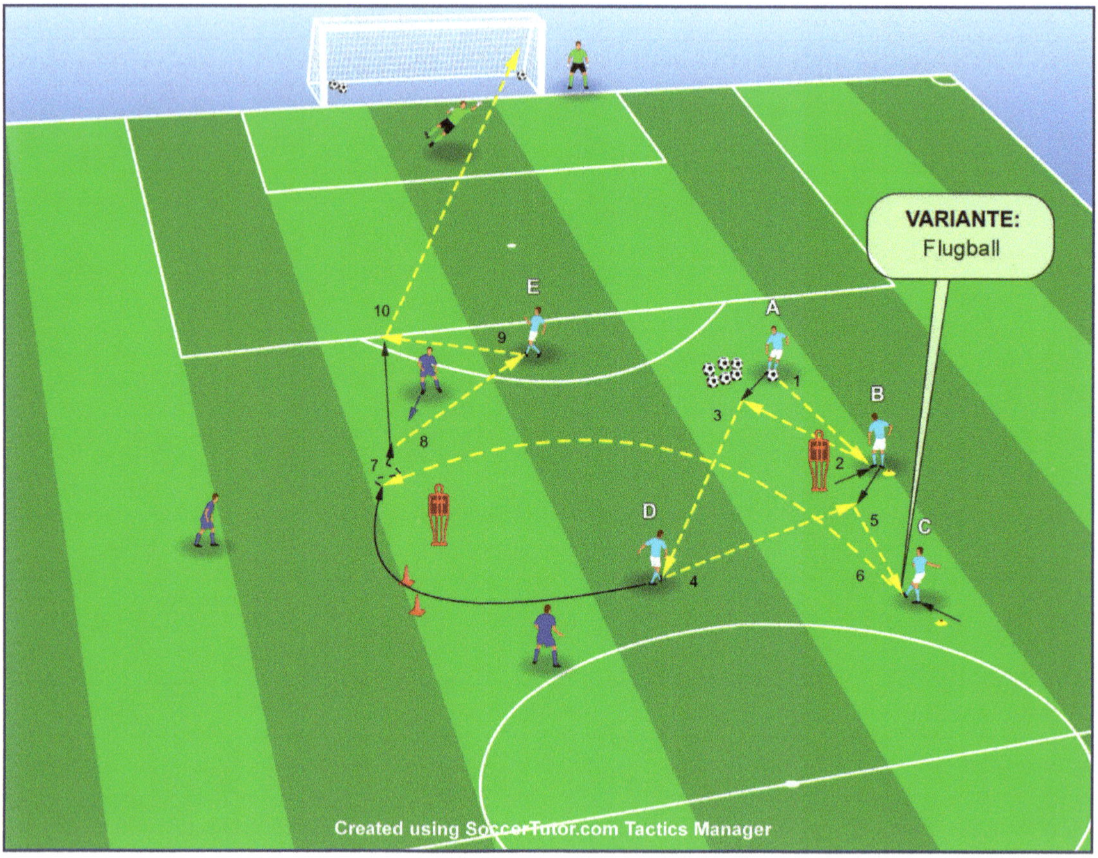

VARIANTE: Flugball

Ablauf

- In dieser Abwandlung der vorigen Übung spielt C einen Flugball, anstelle eines Flachen Passes.

- Der Rest der Übung bleibt bestehen.

- Die Spieler rotieren eine Position weiter: (A -> B -> C -> D -> E -> A).

Quelle: Pep Guardiolas Manchester City Trainingseinheit am Etihad Campus Trainingsgelände, Manchester - 3. Mai 2018

Trainingsübungen: Offensives Kombinationsspiel - Kreieren und Verwerten von Torchancen

5. Passkombination und Diagonalball + Abschluss

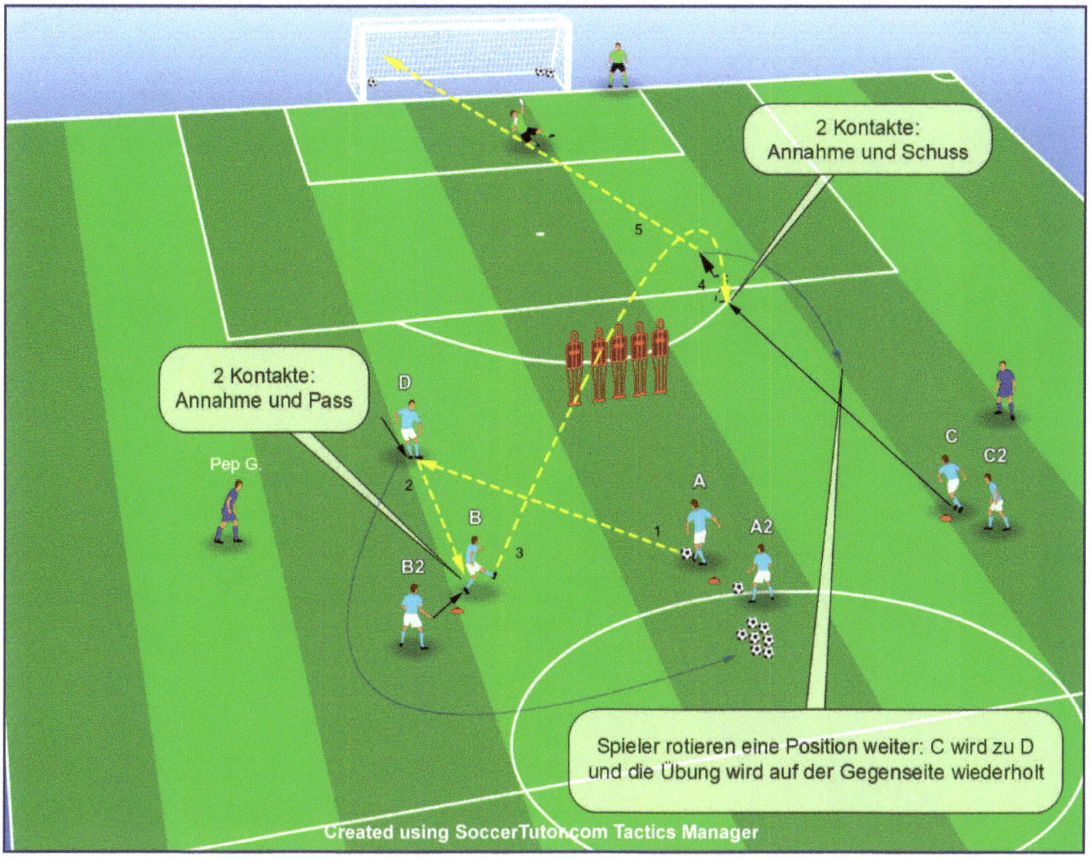

Ablauf

1. A spielt quer auf D.

2. D lässt auf B klatschen.

3. B kontrolliert den Ball und spielt mit dem 2. Kontakt einen Flugball in den Lauf von C. C muss den Laufweg so timen, dass er nicht im Abseits steht.

4 & 5. C kontrolliert den Ball und schließt mit dem 2. Kontakt ab.

6. Die Spieler rotieren eine Position weiter.

7. Die Übung kann auf der Gegenseite gespiegelt werden. C übernimmt dann die Rolle von D.

Quelle: Pep Guardiolas Manchester City Trainingseinheit am Etihad Campus Trainingsgelände

Trainingsübungen: Offensives Kombinationsspiel - Kreieren und Verwerten von Torchancen

6. Doppelpass, Pass in die Schnittstelle, Flanke und Abschluss

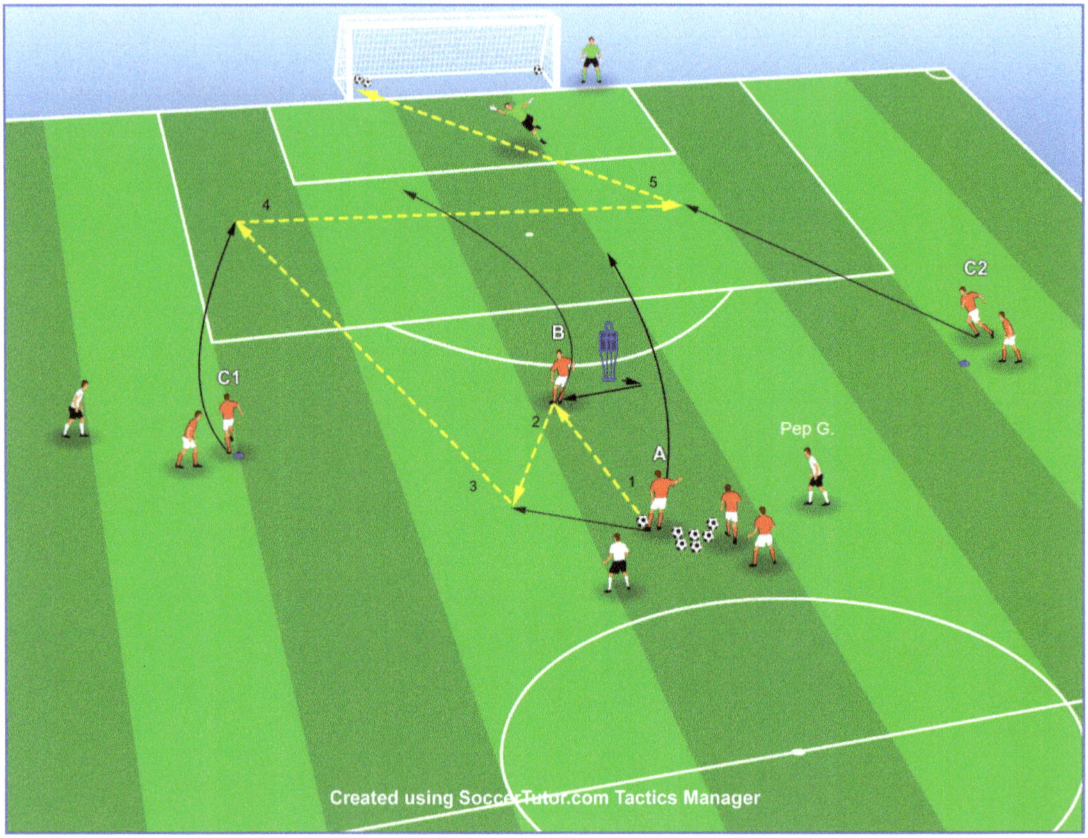

Ablauf

1. B löst sich vom Dummy und erhält dann ein Zuspiel von A.

2. A setzt sich seitlich ab und bekommt den Ball von B zurück.

3. A kontrolliert den Ball und spielt C1 in den Lauf.

4. C1 kontrolliert den Ball und spielt eine Flache Hereingabe für die aufrückenden Spieler.

5. A, B und C2 dringen alle in den Strafraum ein und versuchen die Hereingabe zu verwerten. In dieser Abbildung kommt C2 zum Abschluss.

6. Anschließend wird die Kombination auf der Gegenseite durchgespielt. A spielt einen Doppelpass mit B und dann in den Lauf von C2.

Quelle: Pep Guardiolas Bayern München Trainingseinheit an der Säbener Straße, Trainingsgelände, München - 13. November 2014

Trainingsübungen: Offensives Kombinationsspiel - Kreieren und Verwerten von Torchancen

7. Doppelpass, Diagonaler Flugball, Flanke und Abschluss

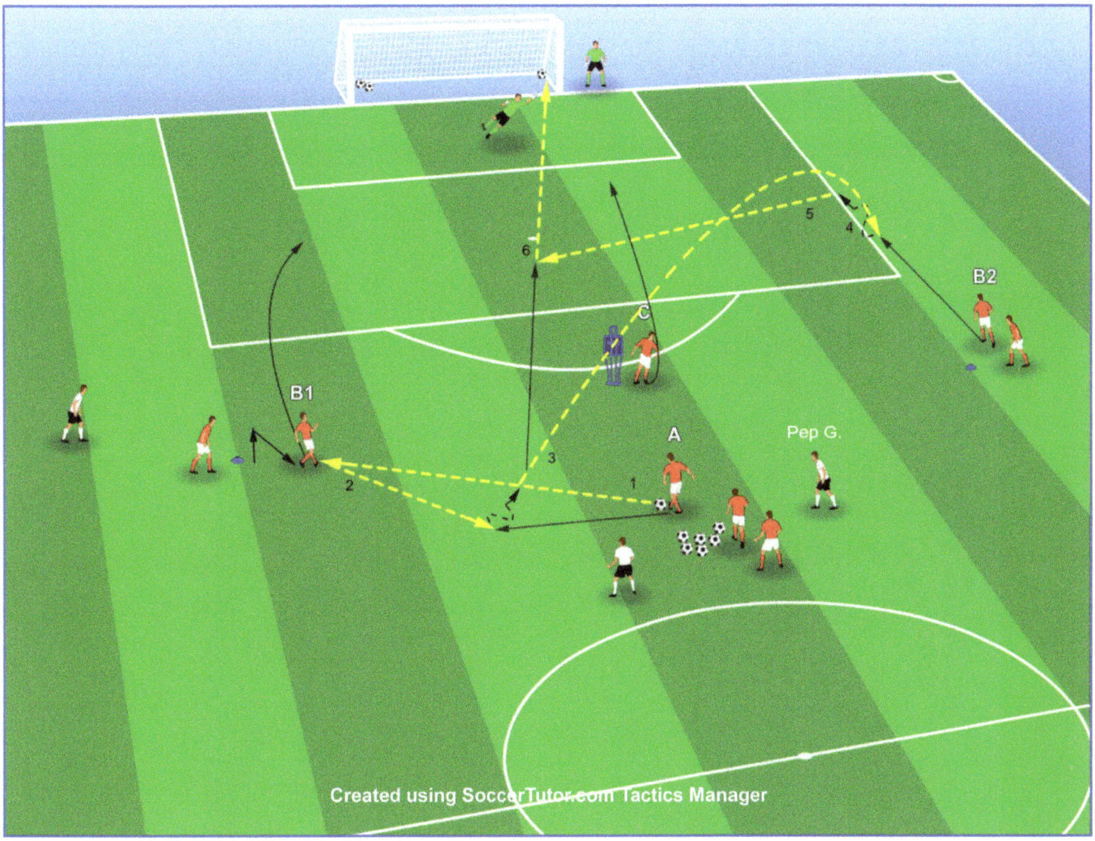

Ablauf

1. B1 löst sich vom Hütchen und erhält dann ein Zuspiel von A.
2. A löst sich seitlich und bekommt den Ball in offener Spielstellung von B1 zurück.
3. A spielt einen Flugball in den Lauf von B2.
4. B2 kontrolliert den Flugball und legt sich den Ball vor.
5. B2 hat 3 Optionen für die Flanke: C sprintet auf den kurzen Pfosten, A sprintet in den Rückraum und B1 sprintet auf den 2. Pfosten.
6. A, B1 oder C versuchen ein Tor zu erzielen. In dieser Abbildung kommt A zum Abschluss.
7. Anschließend wird die Kombination auf der Gegenseite durchgespielt. A spielt einen Doppelpass mit B2 und dann einen Flugball in den Lauf von B1.

Quelle: Pep Guardiolas Bayern München Trainingseinheit an der Säbener Straße, Trainingsgelände, München - 13. November 2014

Trainingsübungen: Offensives Kombinationsspiel - Kreieren und Verwerten von Torchancen

8. Doppelpass, tiefer Laufweg, Flanke und Abschluss

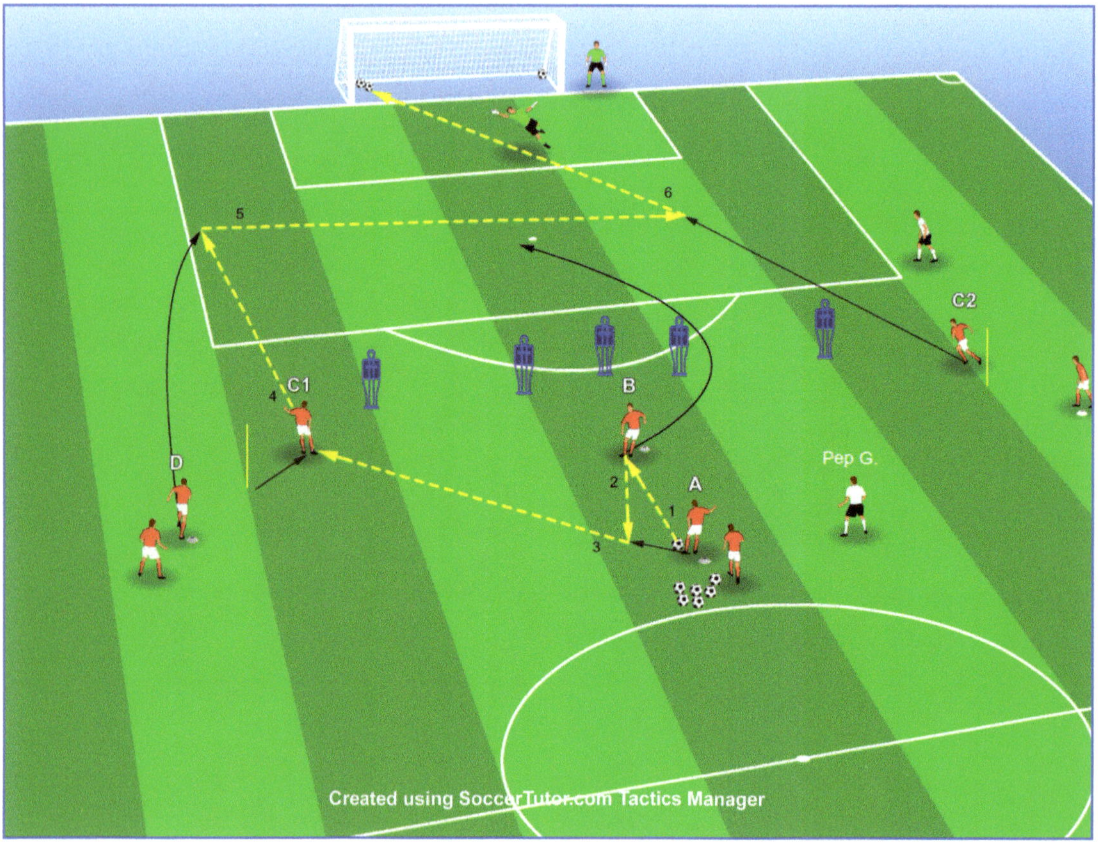

Ablauf

1. A passt zu B.

2. A setzt sich seitlich vom Hütchen ab und bekommt den Ball von B zurück.

3. A passt nach Außen auf C1, der den Ball in die Bewegung mitnimmt.

4. C1 passt zu D, der hinterläuft.

5. D flankt entweder auf B oder C2.

6. B oder C2 versuchen ein Tor zu erzielen. In dieser Abbildung kommt C2 zum Abschluss.

7. Anschließend wird die Kombination auf der Gegenseite durchgespielt. A spielt einen Doppelpass mit B und dann zu C2.

A und B wechseln nach jeder Wiederholung die Position. C1, C2 und D halten die Positionen Außen.

Quelle: Pep Guardiolas Bayern München Trainingseinheit in Doha, Katar - 7. Januar 2014

Trainingsübungen: Offensives Kombinationsspiel - Kreieren und Verwerten von Torchancen

9. Doppelpass, Diagonaler Flugball und Abschluss

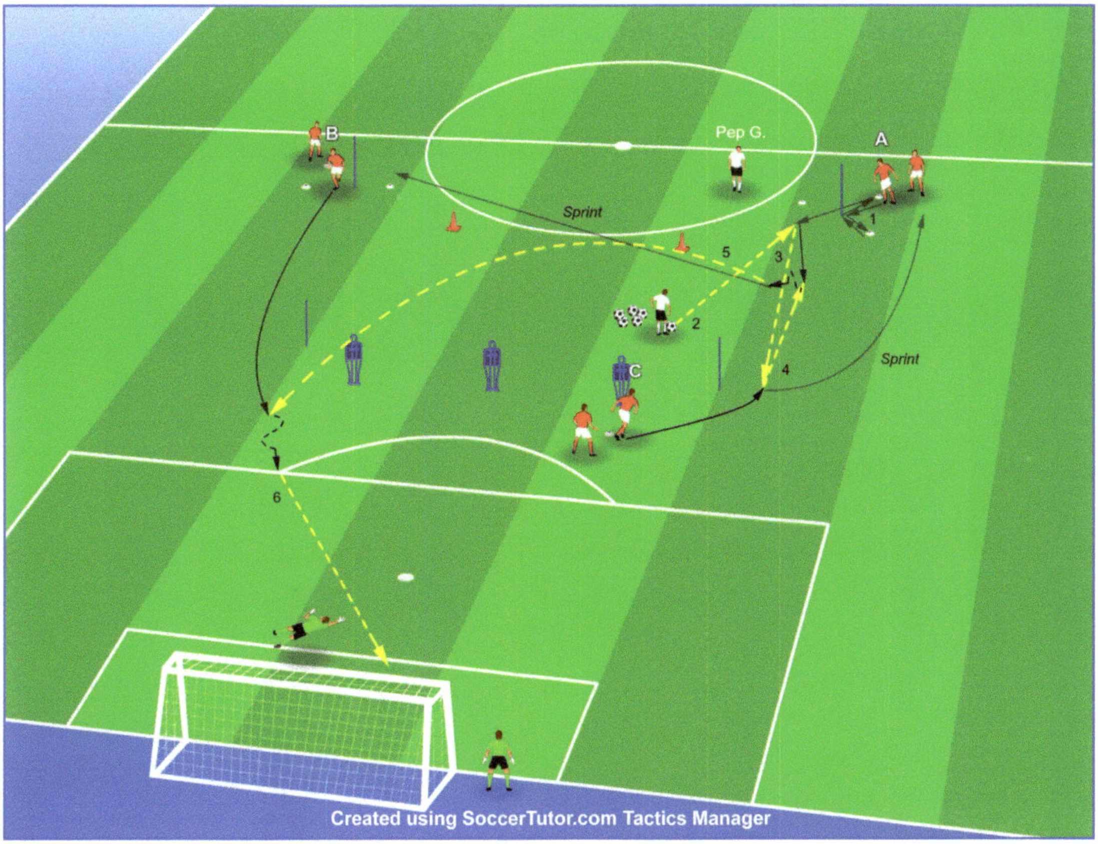

Ablauf

1. A macht kurze, schnelle Schritte vorwärts, wieder rückwärts und bewegt sich dann nach vorne.

2. Der Trainer passt zu A.

3. A passt zu C, der sich wie in der Abbildung gezeigt anbietet.

4. C passt den Ball zurück zu A.

5. A nimmt den Ball in offener Spielstellung an und spielt einen Flugball in den Lauf von B.

6. Die Spieler rotieren eine Position weiter: (A -> B -> C ->A) und die Übung wird fortgesetzt.

Die Übung kann von beiden Seiten aus durchgeführt werden.

Quelle: Pep Guardiolas Bayern München Trainingseinheit an der Säbener Straße, Trainingsgelände, München

Trainingsübungen: Offensives Kombinationsspiel - Kreieren und Verwerten von Torchancen

10. Kurzes Kombinationsspiel, Ball nach Außen, Flanke und Abschluss

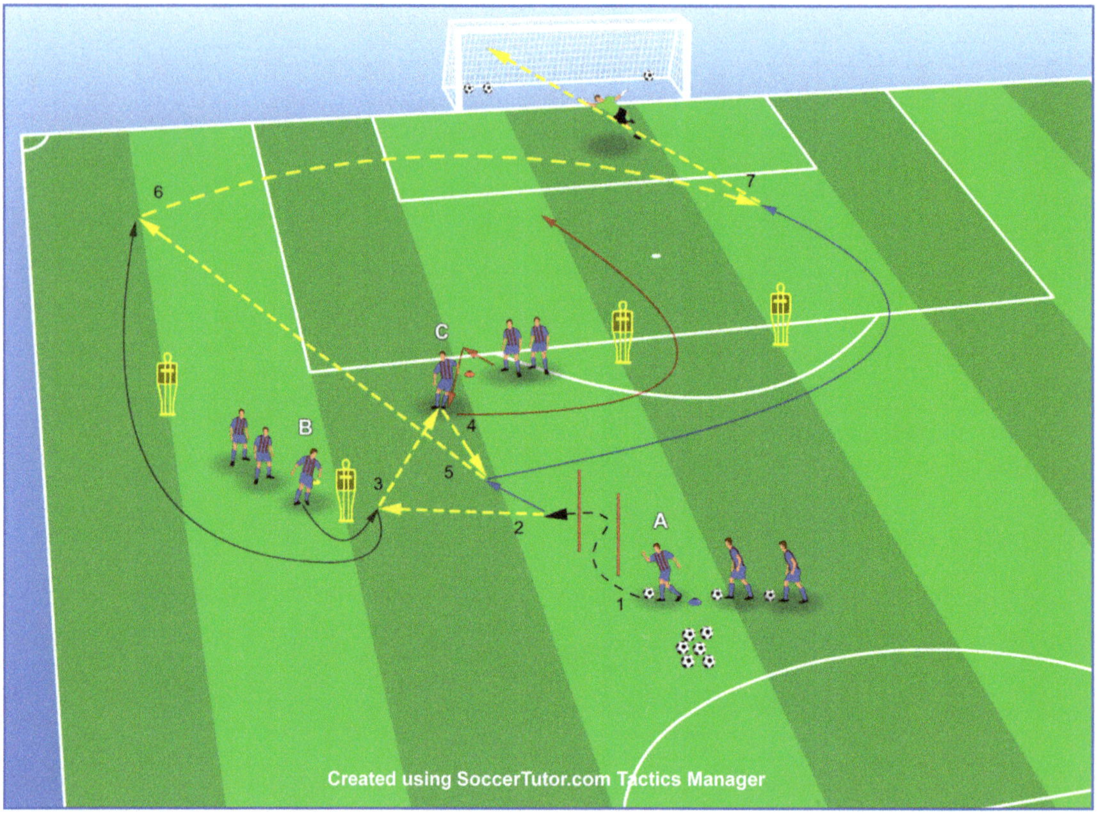

Ablauf

1. A dribbelt durch die Stangen.
2. A passt zu B, der sich mit einer Auftaktbewegung vom Dummy löst.
3. B passt zu C.
4. C lässt auf A klatschen.
5. A spielt den Ball steil in den Lauf von B.
6. B flankt in den Strafraum.
7. A und C laufen beide im Bogenlauf in den Strafraum ein und versuchen die Hereingabe zu verwerten. In dieser Abbildung kommt A zum Abschluss.
8. Nach 4 Wiederholungen, 3-4 Minuten Pause. Dann gleicher Ablauf auf der Gegenseite.

Quelle: Pep Guardiolas Trainingseinheiten beim FC Barcelona B (2007-08)

Trainingsübungen: Offensives Kombinationsspiel - Kreieren und Verwerten von Torchancen

11. Kombination, Ball nach Außen, Flanke und Abschluss

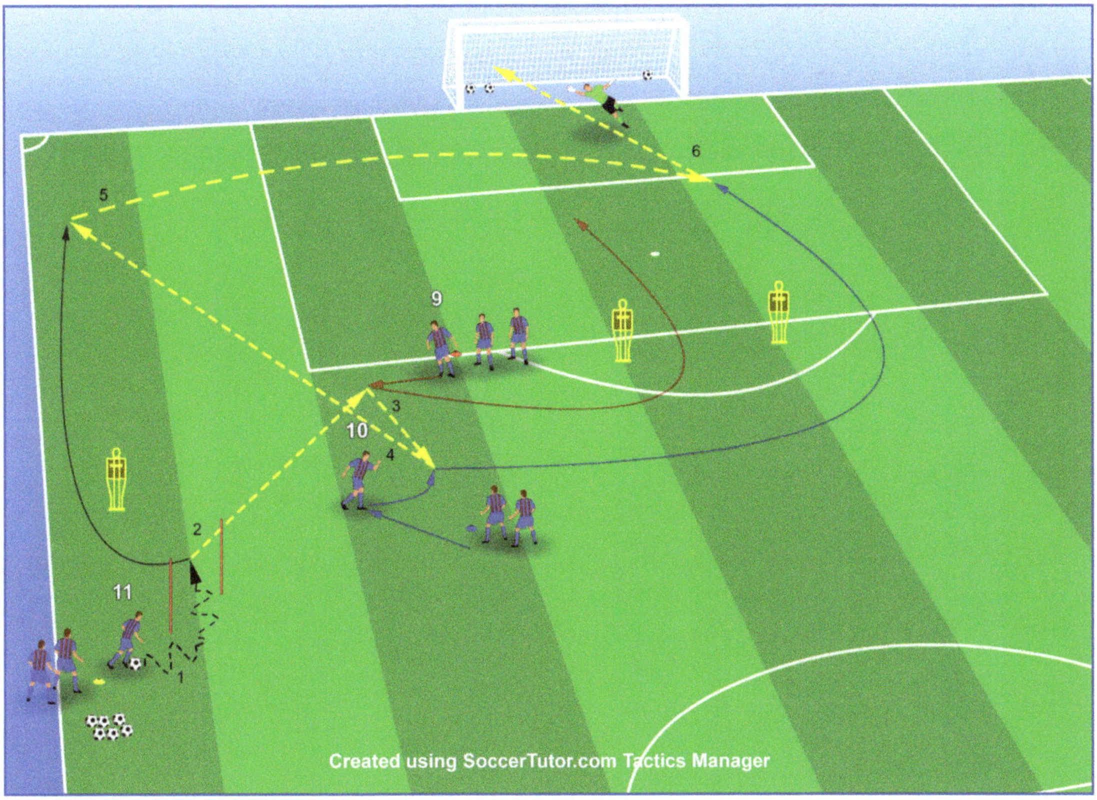

Ablauf

1. Der Linke Flügelspieler (11) dribbelt durch die Stangen.

2. (11) passt zum Stürmer (9).

3. (9) lässt auf den Offensiven Mittelfeldspieler (10) klatschen, der sich nach vorne abgesetzt um anspielbar zu sein.

4. (10) spielt den Ball steil in den Lauf von (11).

5. (11) flankt den Ball in den Strafraum.

6. Beide Spieler absolvieren Bogenläufe und dringen in den Strafraum ein: (9) läuft auf den kurzen Pfosten, (10) auf den Langen.

7. Die Spieler rotieren eine Position weiter (11 -> 9 -> 10 ->11).

8. Nach 3 Wiederholungen, 3-4 Minuten Pause. Dann gleicher Ablauf auf der Gegenseite.

Quelle: Pep Guardiolas Trainingseinheiten beim FC Barcelona B (2007-08)

Trainingsübungen: Offensives Kombinationsspiel - Kreieren und Verwerten von Torchancen

12. Stürmer läuft in den Strafraum, Flanke und Abschluss

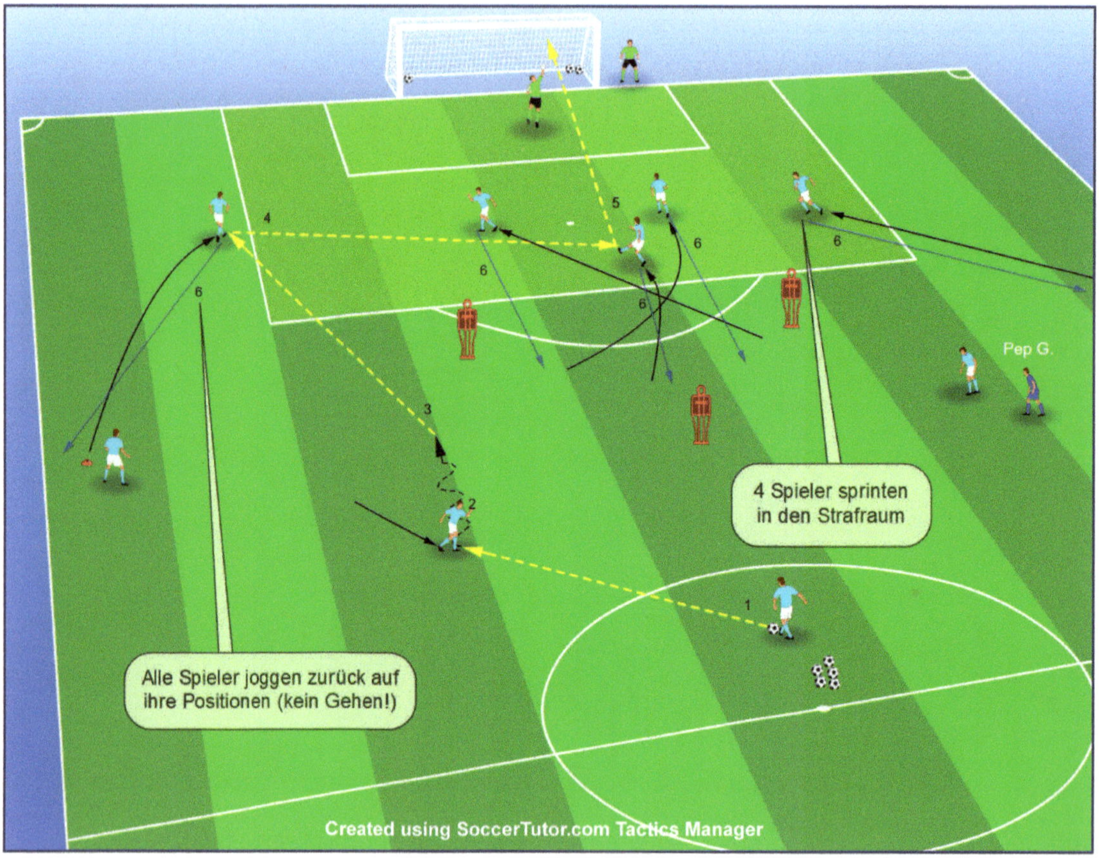

(Diagramm: 4 Spieler sprinten in den Strafraum. Alle Spieler joggen zurück auf ihre Positionen (kein Gehen!). Pep G.)

Ablauf

1. Der Anspieler (Defensiver Mittelfeldspieler) passt zum Linken Offensiven Mittelfeldspieler, der für ein Anspiel entgegengekommen ist.

2. Der Offensive Mittelfeldspieler dribbelt an und der Linke Flügelspieler läuft in die Tiefe.

3. Der Offensive Mittelfeldspieler passt für den Linken Flügelspieler nach Außen in seinen Lauf.

4. Der Linke Flügelspieler flankt den Ball in den Strafraum.

5. Die 3 angreifenden Spieler, die am Strafraumrand gewartet haben, sowie der Rechte Flügelspieler, sprinten alle in den Strafraum und versuchen ein Tor zu erzielen.

6. Alle Spieler joggen zurück auf ihre Positionen (kein Gehen!), und die Übung wird auf der Rechten Seite wiederholt.

Quelle: Pep Guardiolas Manchester City Trainingseinheit am Etihad Campus Trainingsgelände

Trainingsübungen: Offensives Kombinationsspiel - Kreieren und Verwerten von Torchancen

13. Kurzpassspiel auf dem Flügel, Flanke und Abschluss

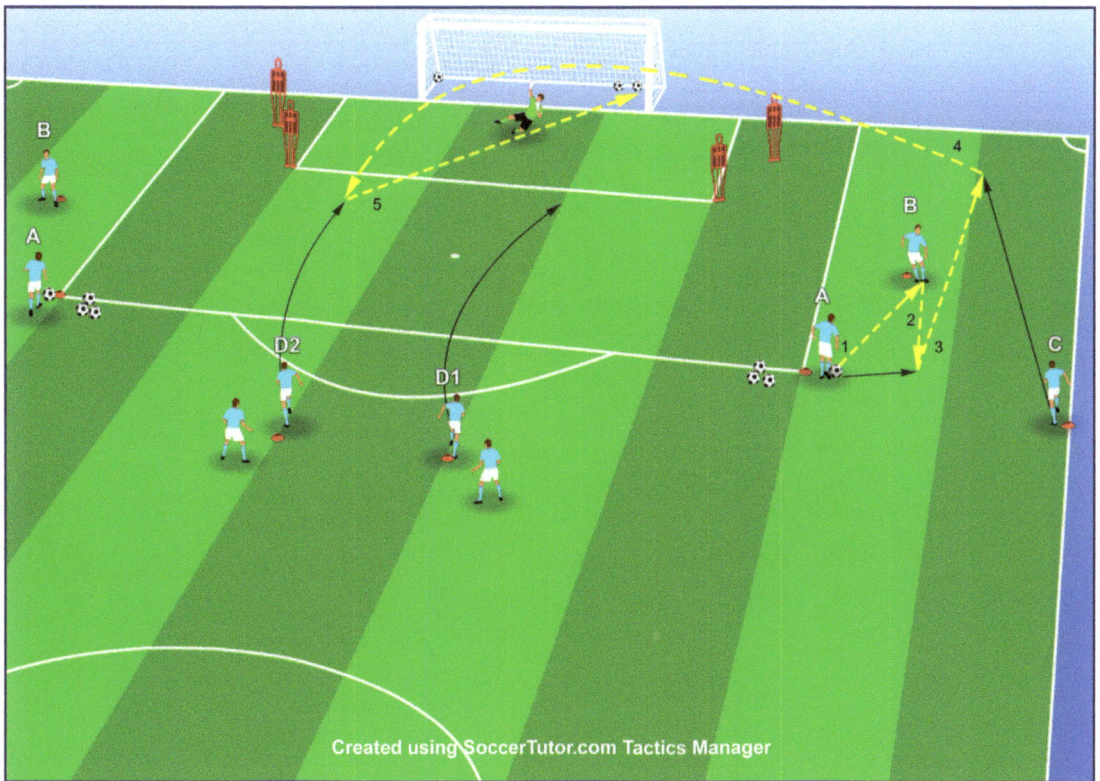

Die Übung wird abwechselnd von Beiden Seiten aus durchgeführt.

Ablauf

1. A passt zu B.
2. B passt zurück zu A.
3. A passt in den Lauf von C.
4. C flankt in den Strafraum.
5. D1 und D2 müssen den Richtigen Zeitpunkt finden um die Flanke abzupassen und abzuschließen.
6. Wenn der Torwart den Ball nicht festhält, sollen die Spieler versuchen im Nachschuss zu treffen.
7. A und B tauschen Positionen. Die Übung wird auf der Linken Seite wiederholt.

Quelle: Pep Guardiolas Manchester City Trainingseinheit am Etihad Campus Trainingsgelände, Manchester - 22. September 2017

Trainingsübungen: Offensives Kombinationsspiel - Kreieren und Verwerten von Torchancen

14. Kurzpassspiel im Zentrum, Ball nach Außen, Doppelpass, Pass in den Rückraum und Abschluss im 5vs2

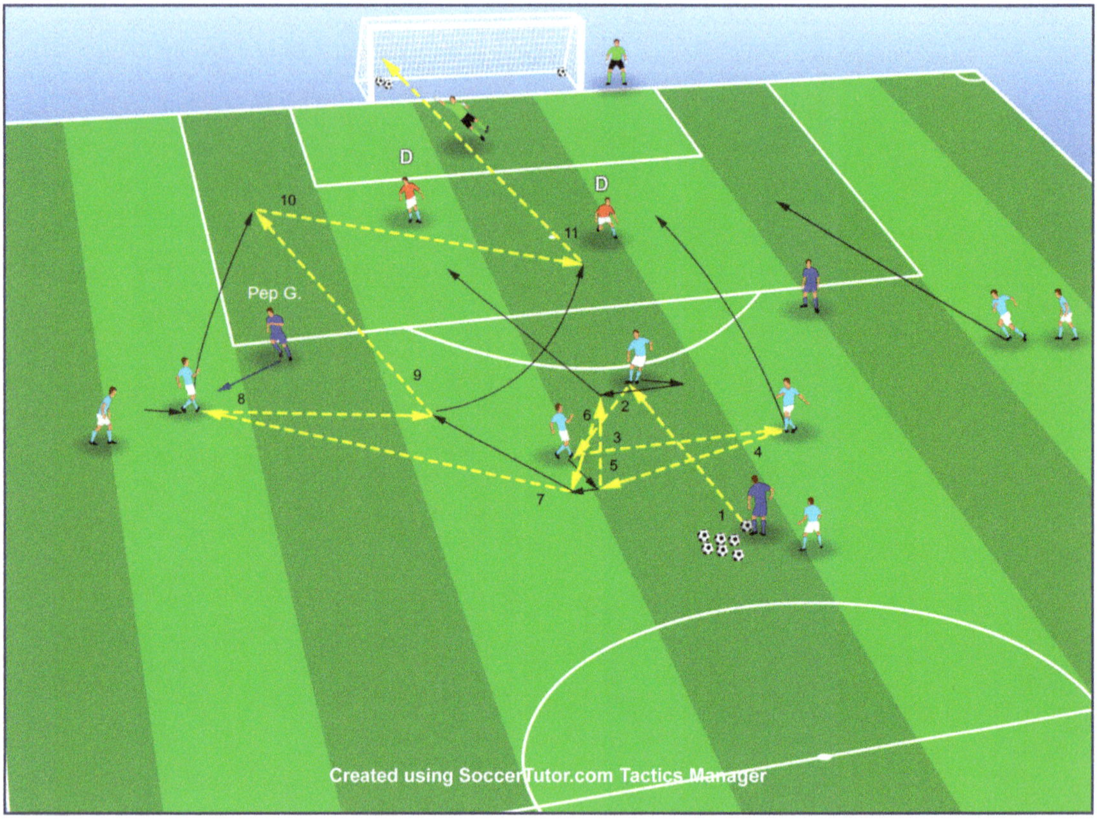

Ablauf

- 3 Spieler befinden sich zentral, knapp außerhalb des Strafraums. Außen steht jeweils 1 Spieler. Im Strafraum befinden sich 2 rote Verteidiger.

- Die Übung wird durch einen Pass des Trainers auf die 3 Zentralen Spieler eingeleitet. Diese lassen den Ball laufen und warten auf den richtigen Moment um auf Außen zu spielen.

- Nachdem nach Außen gespielt wurde (entweder nach links, oder rechts), unterstützt einer der zentralen Spieler, den Spieler auf Außen. Die anderen beiden Spielen + der andere Außen besetzen den Strafraum.

- Der Spieler Außen wird durch den Trainer unter Druck gesetzt. Er spielt einen Doppelpass mit seinem Mitspieler und erhält dann das Zuspiel im Strafraum.

- Jetzt muss der Außenspieler die Flanke an einen seiner Mitspieler bringen und dabei auf die beiden Verteidiger achten.

- Anschließend joggen die Spieler auf ihre Ausgangssituationen und die Übung wiederholt sich.

Quelle: Pep Guardiolas Manchester City Trainingseinheit am Etihad Campus Trainingsgelände, Manchester - 22. September 2017

Offensives Kombinationsspiel in 3vs2 Situationen

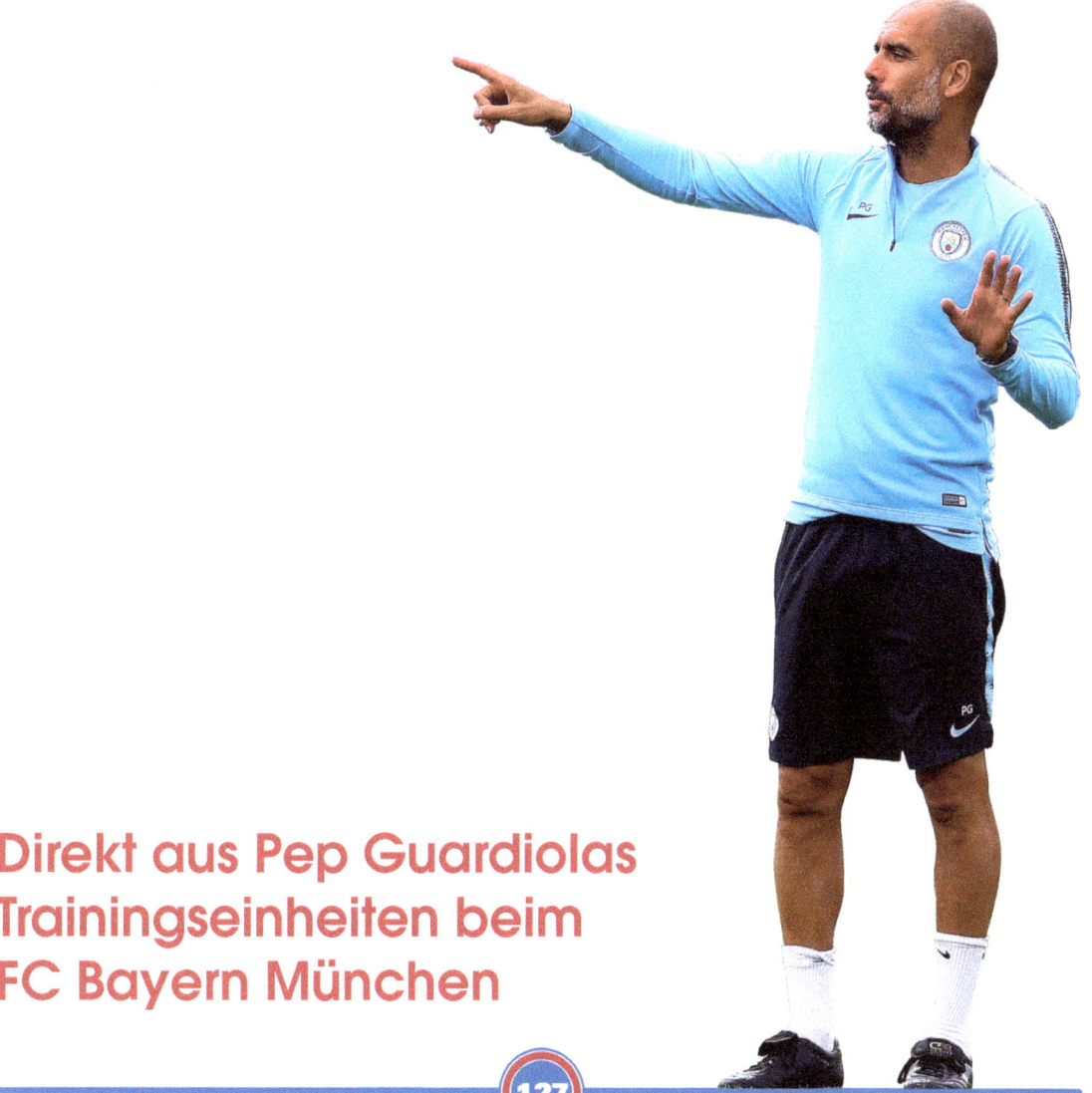

Direkt aus Pep Guardiolas Trainingseinheiten beim FC Bayern München

Pep Guardiola Trainingsübungen: Offensives Kombinationsspiel in 3vs2 Situationen

1. Schnelles 3vs2 (+TW)

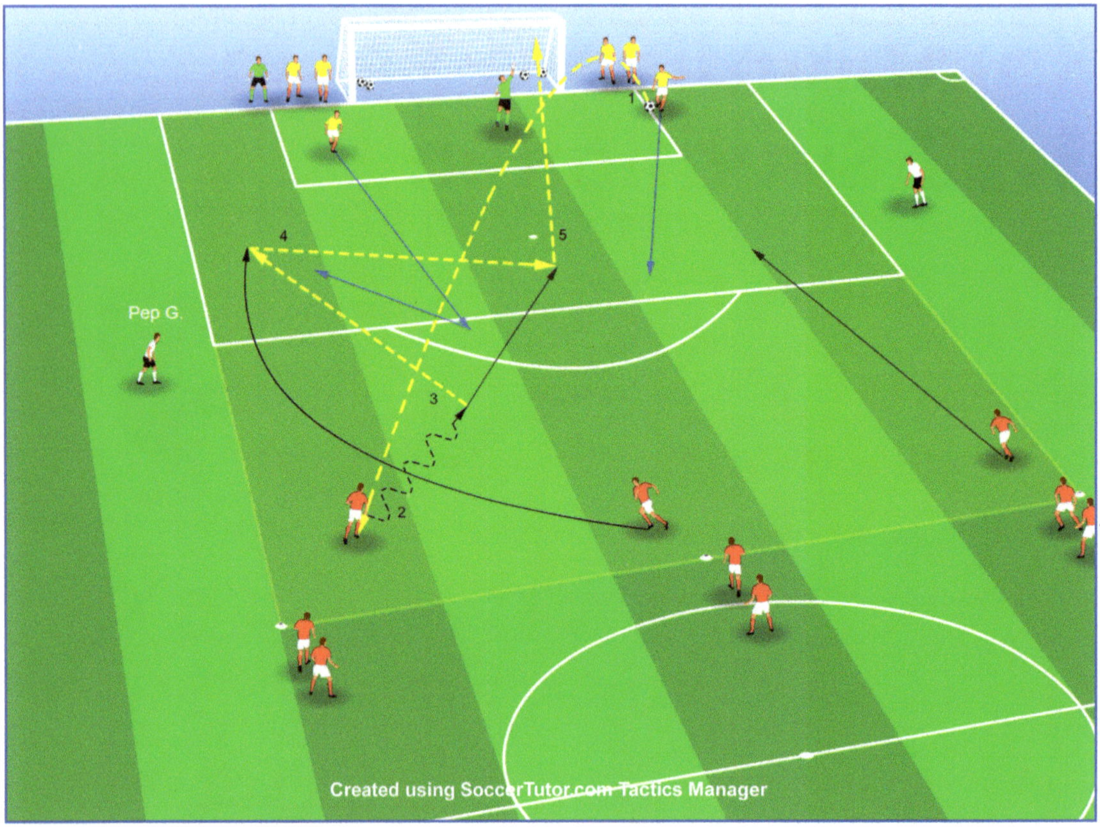

Ablauf

- Die 3 roten Spieler starten auf Höhe der weißen Hütchen und die beiden Gelben Spieler starten auf Höhe der Torauslinie.
- Ein Gelber Spieler spielt einen Flugball auf einen der Roten (egal auf welchen).
- Der angespielte Spieler dribbelt nach vorn und leitet den Angriff ein.
- Das Ziel der Angreifer ist so schnell wie möglich abzuschließen.
- Der ballbesitzende Spieler dribbelt ins Zentrum und bindet dadurch die beiden Verteidiger. Die anderen Angreifer besetzen die Seiten.
- Wenn ein Spieler auf Außen angespielt wird, dann überläuft der Zentrale Spieler und besetzt die freie Zone.
- Ziel ist es im richtigen Moment einen Mitspieler einzusetzen, sodass er aus einer guten Position heraus abschließen kann.
- Wenn kein Abschluss möglich ist, soll der Spieler eine flache Hereingabe nach Innen spielen (siehe Abbildung).

Quelle: Pep Guardiolas Bayern München Trainingseinheit in Doha, Katar - 7. Januar 2014

Pep Guardiola Trainingsübungen: Offensives Kombinationsspiel in 3vs2 Situationen

2. Schnelles 3vs2 (+TW) mit einem nachrückenden Verteidiger

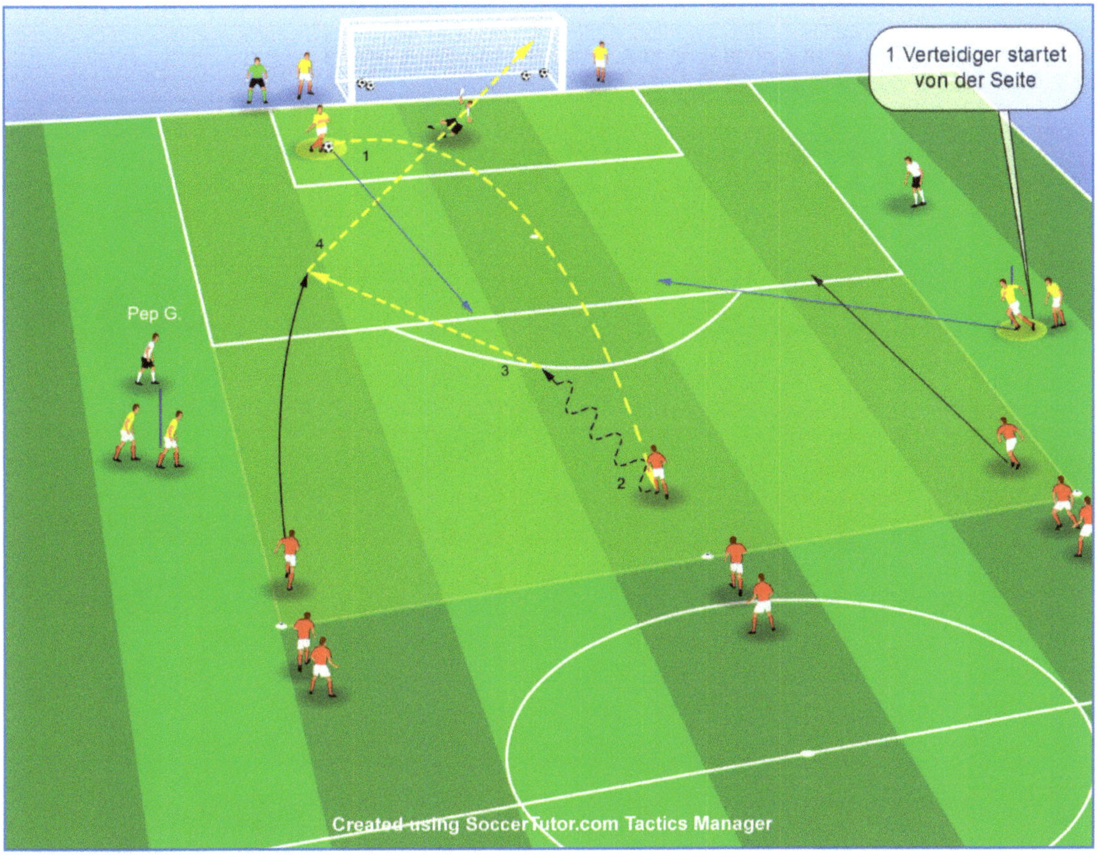

Ablauf

- Hier eine Abwandlung der vorigen Übung.
- Jetzt startet 1 Verteidiger von der Seite, anstelle von der Torauslinie.
- Die Roten Spieler müssen aufmerksam sein und die Gegenseite vom einlaufenden Verteidiger attackieren.

Quelle: Pep Guardiolas Bayern München Trainingseinheit in Doha, Katar - 7. Januar 2014

Offensive Kombinationsspiele (Übungsformen)

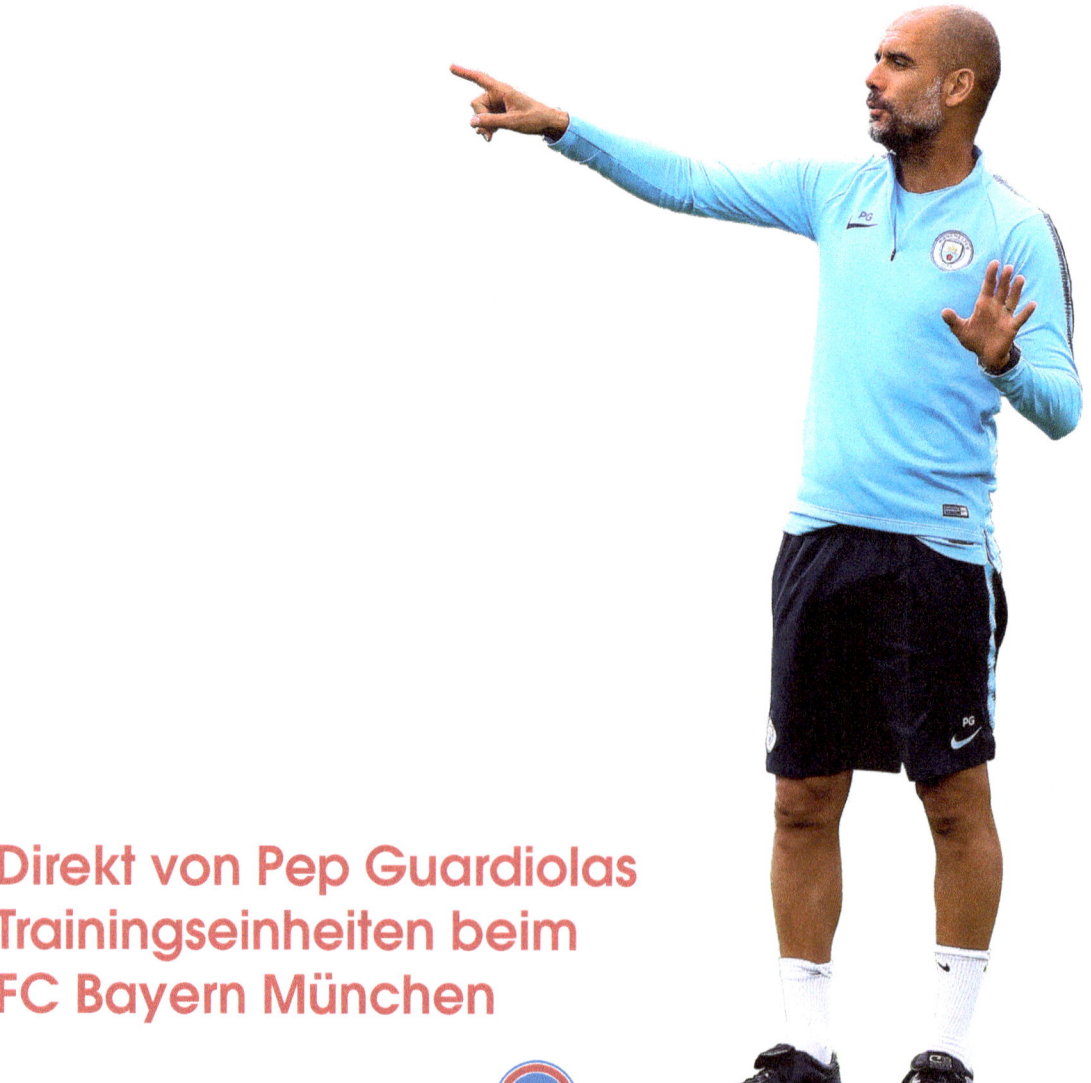

Direkt von Pep Guardiolas Trainingseinheiten beim FC Bayern München

Pep Guardiola Trainingsübungen: Offensives Kombinationsspiel (Übungsformen)

1. Kombinationsspiel mit Schnittstellenpass und Abschluss (mit Schnelligkeitselementen)

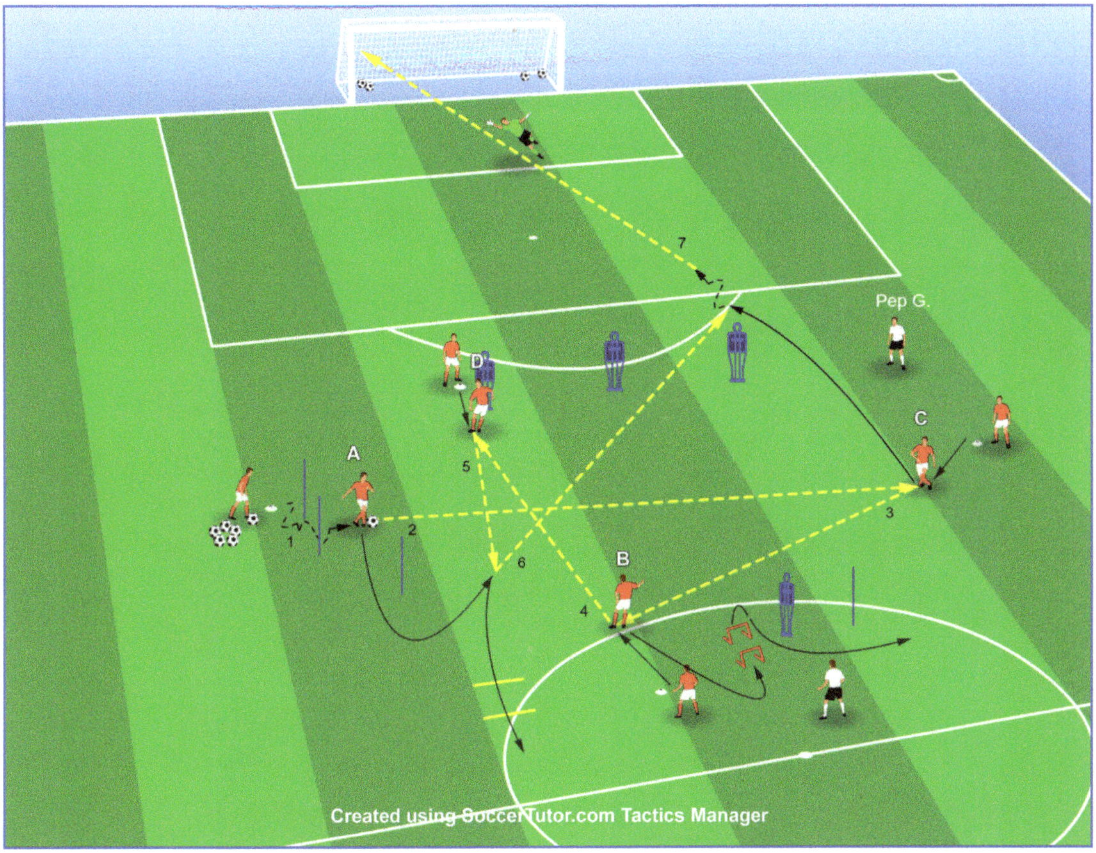

Ablauf

1. A dribbelt durch die Stangen.
2. A passt zu C und läuft dann um die Stangen.
3. C löst sich vom Hütchen und passt zu B.
4. B löst sich vom Hütchen und passt zu D. Anschließend springt er über die beiden Hürden und sprintet um den Dummy und die Stange.
5. D passt zurück zu A.
6. A passt zwischen den Dummys in den Lauf zu C. Dann geht er über die Stangen am Boden.
7. C kontrolliert den Ball und schließt mit dem 2. Kontakt ab.
8. Die Spieler rotieren eine Position weiter: (A -> B -> C -> D -> A).

Quelle: Pep Guardiolas Bayern München Trainingseinheit an der Säbener Straße, Trainingsgelände, München - 7. Januar 2016

Pep Guardiola Trainingsübungen: Offensives Kombinationsspiel (Übungsformen)

2. Kombinationsspiel mit Diagonalen Flugball und Abschluss (mit Schnelligkeitselementen)

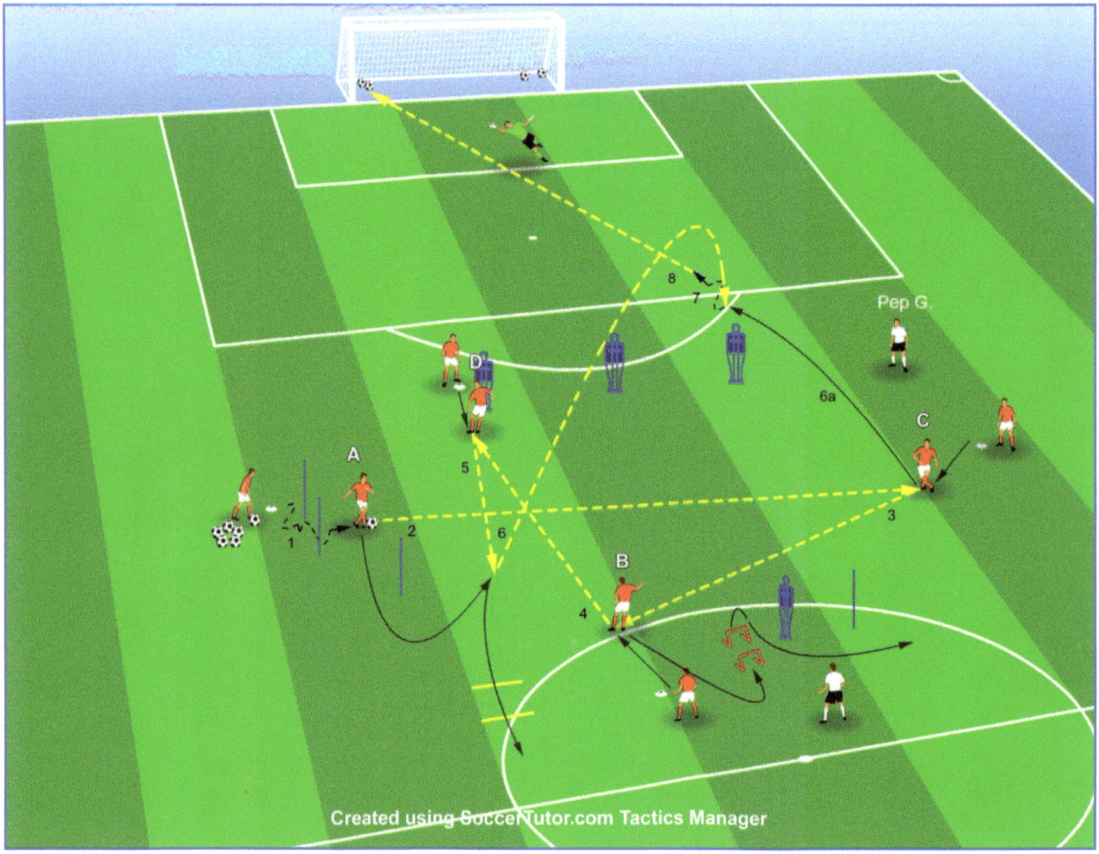

Ablauf

- Diese Übung stellt eine Variation der vorigen dar.

- A spielt einen Flugball in den Lauf von C. C kontrolliert den Ball und schließt mit dem 2. Kontakt ab.

Quelle: Pep Guardiolas Bayern München Trainingseinheit an der Säbener Straße, Trainingsgelände, München - 7. Januar 2016

Pep Guardiola Trainingsübungen: Offensives Kombinationsspiel (Übungsformen)

3. Kombinationsspiel mit Dribbling und Abschluss (mit Schnelligkeitselementen)

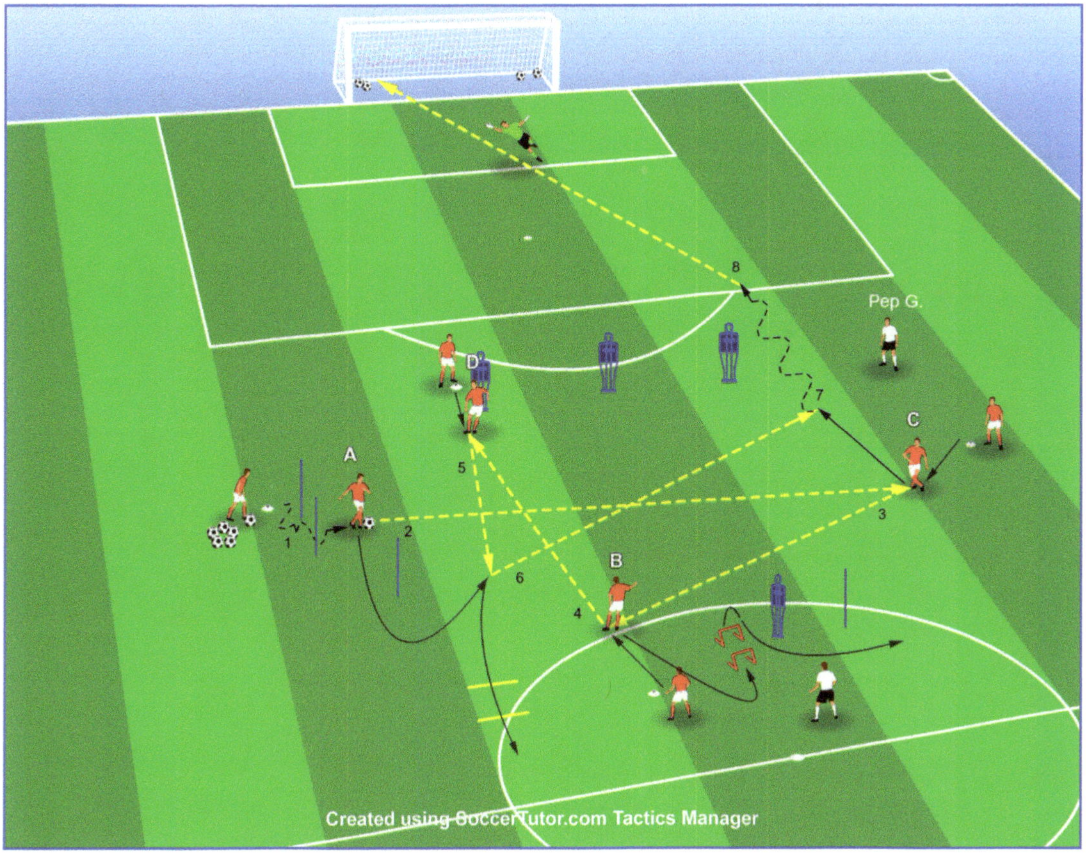

Ablauf

- Diese Übung stellt eine weitere Variation der vorigen dar.
- Jetzt gibt es keinen Pass mehr in die Tiefe durch Spieler A.
- A passt quer zu C, C nimmt den Ball an, dribbelt an den Dummys vorbei und schließt ab.

Quelle: Pep Guardiolas Bayern München Trainingseinheit an der Säbener Straße, Trainingsgelände, München - 7. Januar 2016

Pep Guardiola Trainingsübungen: Offensives Kombinationsspiel (Übungsformen)

4. Passkombination (mit Schnelligkeitselementen) + Dribbling und Abschluss

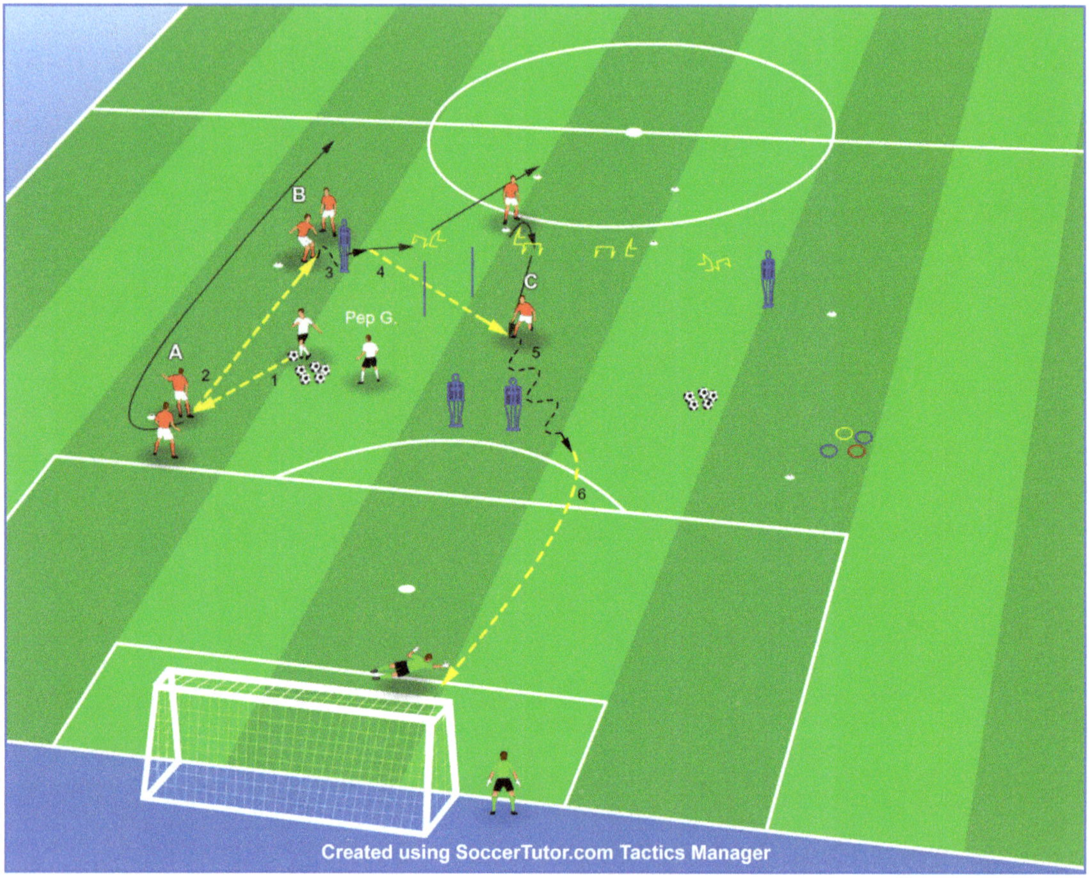

Ablauf

1. Der Trainer passt zu A.
2. A passt zu B.
3. B nimmt den Ball in offener Spielstellung an und legt den Ball am Dummy vorbei.
4. B passt durch das Stangentor hindurch zu C. C springt vorher über die beiden Hürden und wird dann anspielbar.
5. C dribbelt an den Dummys vorbei.
6. C schießt aufs Tor.
7. Die Spieler rotieren eine Position weiter: (A -> B -> C -> A).

Quelle: Pep Guardiolas Bayern München Trainingseinheit an der Säbener Straße, Trainingsgelände, München

Offensive Kombinationsspiele (Übungsformen mit Ausdauer- und Schnelligkeitselementen)

Direkt aus Pep Guardiolas Trainingseinheiten mit dem FC Barcelona

Offensive Kombinationsspiele (Übungsformen mit Ausdauer- und Schnelligkeitselementen)

1. Pass, Dribbling und Schuss im Warm-Up

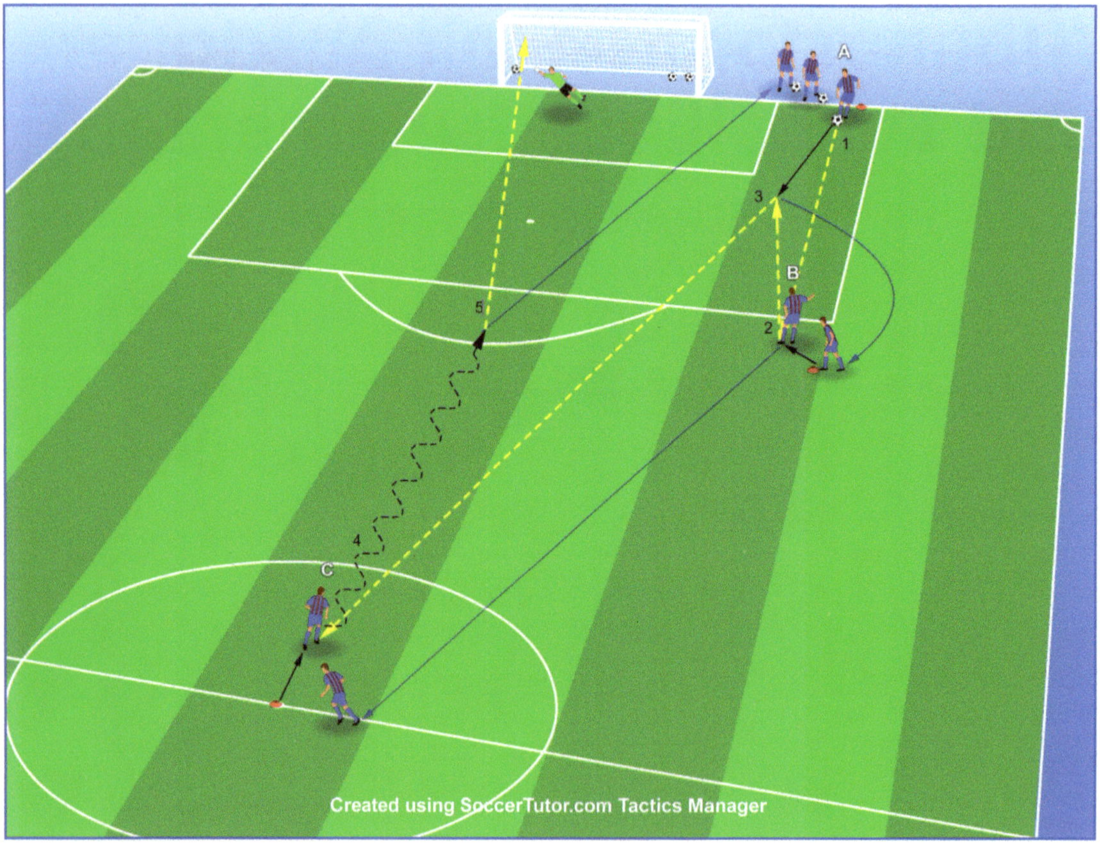

Die Spieler absolvieren zunächst 3 Minuten lockere Erwärmung und 3 Minuten Stretching. Dann beginnt die Übungsform.

Ablauf

1. A passt zu B.

2. A bewegt sich nach vorne um für den Rückpass von B anspielbar zu sein.

3. A spielt einen langen Ball auf C.

4. C löst sich vom Hütchen um den langen Ball anzunehmen und dribbelt dann in Richtung Tor.

5. C schießt von außerhalb des Strafraums.

6. Die Spieler rotieren eine Position weiter: (A -> B -> C ->A) und die Übung wird fortgesetzt.

Quelle: Pep Guardiolas Trainingseinheiten beim FC Barcelona B (2007-08)

Offensive Kombinationsspiele (Übungsformen mit Ausdauer- und Schnelligkeitselementen)

2. Passkombination mit doppeltem Doppelpass und Schuss im Warm-Up

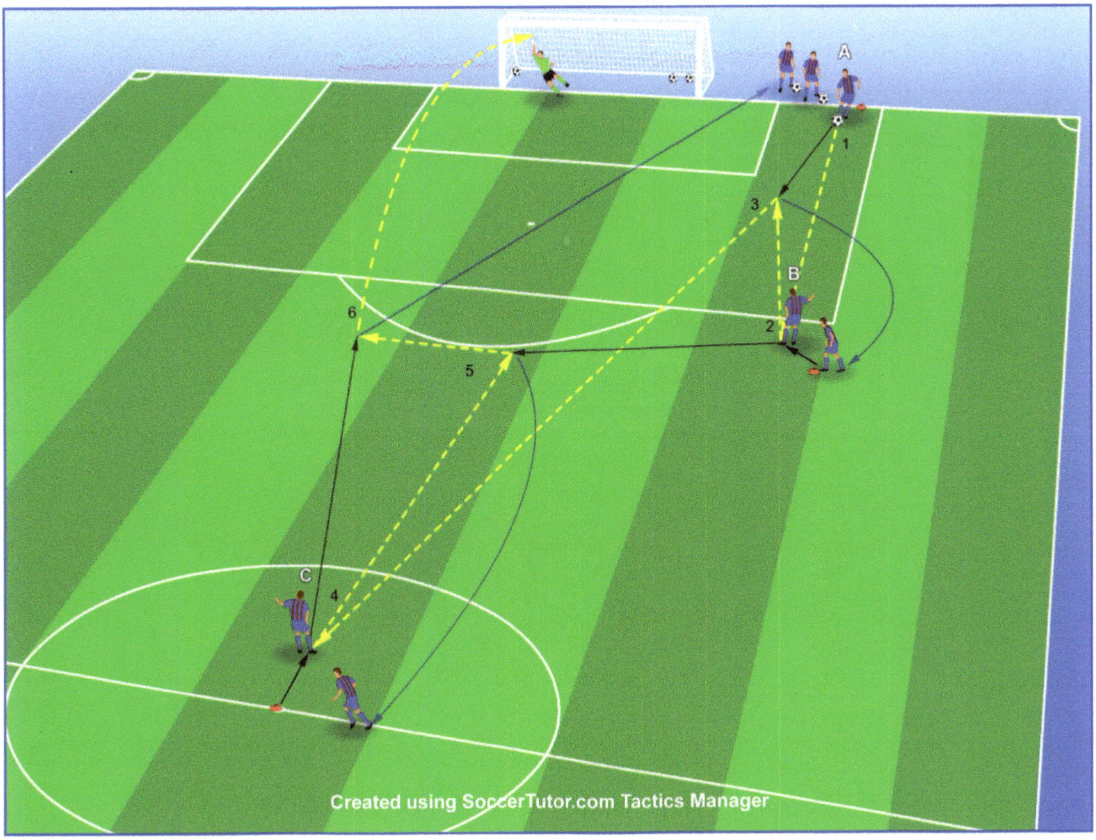

Die Spieler absolvieren 3 Wiederholungen dieser Variation und setzen dann die Übung von der vorherigen Seite fort.

Ablauf

1. A passt zu B.
2. A bewegt sich nach vorne um für den Rückpass von B anspielbar zu sein.
3. A spielt einen langen Ball auf C.
4. C löst sich vom Hütchen um den Langen Ball anzunehmen und passt dann ins Zentrum zu B.
5. B passt den Ball Lauf von C.
6. C schießt von außerhalb des Strafraums.
7. Die Spieler rotieren eine Position weiter: (A -> B -> C ->A) und die Übung wird fortgesetzt.

Quelle: Pep Guardiolas Trainingseinheiten beim FC Barcelona B (2007-08)

Offensive Kombinationsspiele (Übungsformen mit Ausdauer- und Schnelligkeitselementen)

3. Doppelter Doppelpass, Flanke und Abschluss (Schnelligkeitsübung)

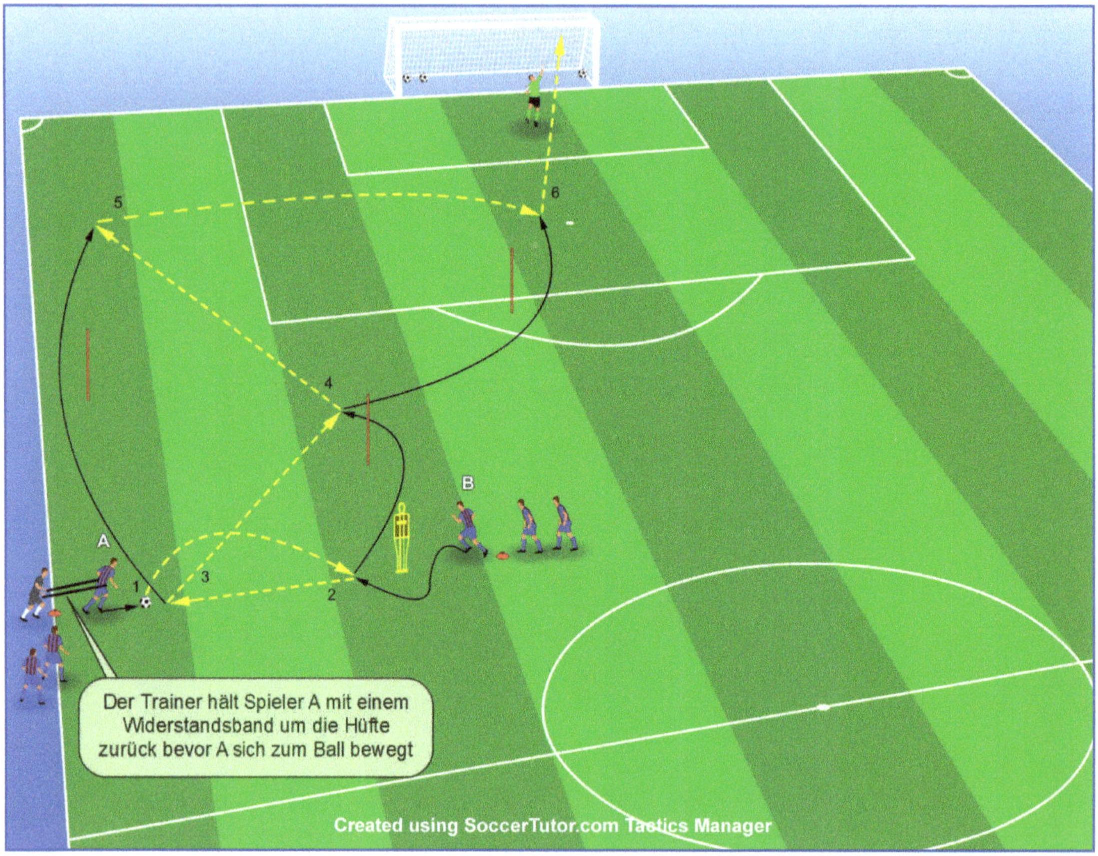

Der Trainer hält Spieler A mit einem Widerstandsband um die Hüfte zurück bevor A sich zum Ball bewegt

Die Spieler absolvieren 3 Wiederholungen auf jeder Seite des Felds (3-4 Minuten Pause zwischen dem Seitenwechsel).

Ablauf

1. Der Trainer hält Spieler A mit einem Widerstandsband um die Hüfte zurück.
2. A bewegt sich in Richtung des Balls.
3. A spielt einen Chip-Pass zu B.
4. B löst sich vom Dummy und spielt den Ball zurück auf A.
5. B sprintet um die Stange und erhält wieder ein Zuspiel von A.
6. Spieler B passt weit in den Lauf von A.
7. A flankt den Ball in den Strafraum.
8. B läuft Bogenförmig ein und versucht die Flanke zu verwerten.

Quelle: Pep Guardiolas Trainingseinheiten beim FC Barcelona B (2007-08)

Offensive Kombinationsspiele (Übungsformen mit Ausdauer- und Schnelligkeitselementen)

4. Doppelpass auf dem Flügel, Flanke und Abschluss (Schnelligkeits-/Ausdauerübung)

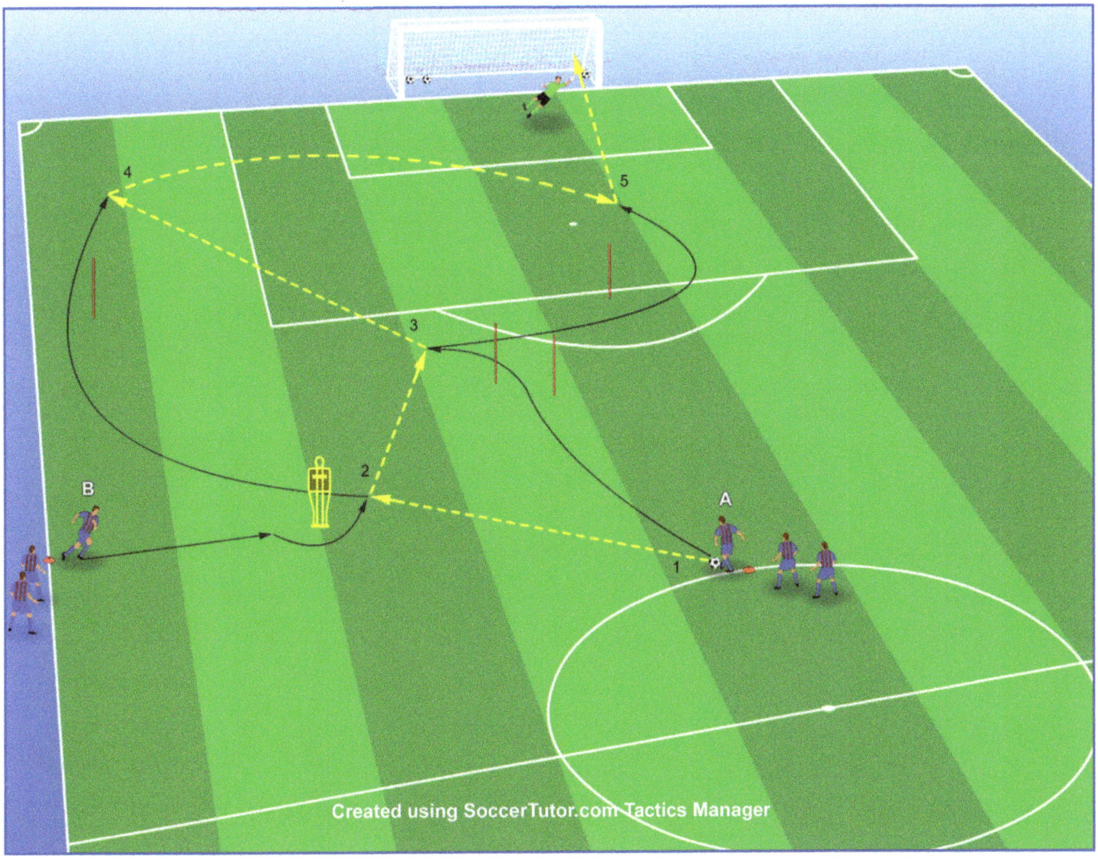

Die Übungsdauer beträgt im 1. Durchgang 12 und im 2. Durchgang 10 Minuten (2 Minuten Pause zwischen den Durchgängen). Die Herzfrequenz sollte bei 100 Schlägen pro Minute liegen.

Ablauf

1. A passt zu B, der Innen am Dummy vorbeiläuft um anspielbar zu werden.

2. B spielt den Ball links an den Stangen vorbei in den Lauf von A, der den Ball erreicht nachdem er durch die Stangen gesprintet ist.

3. A passt steil in den Lauf von B.

4. B flankt in den Strafraum.

5. A läuft Bogenförmig ein und versucht die Flanke zu verwerten.

Quelle: Pep Guardiolas Trainingseinheiten beim FC Barcelona B (2007-08)

Offensive Kombinationsspiele (Übungsformen mit Ausdauer- und Schnelligkeitselementen)

5. Ballannahme auf den Flügel, Flanke und offensive Laufwege in den Strafraum (Schnelligkeitsausdauer)

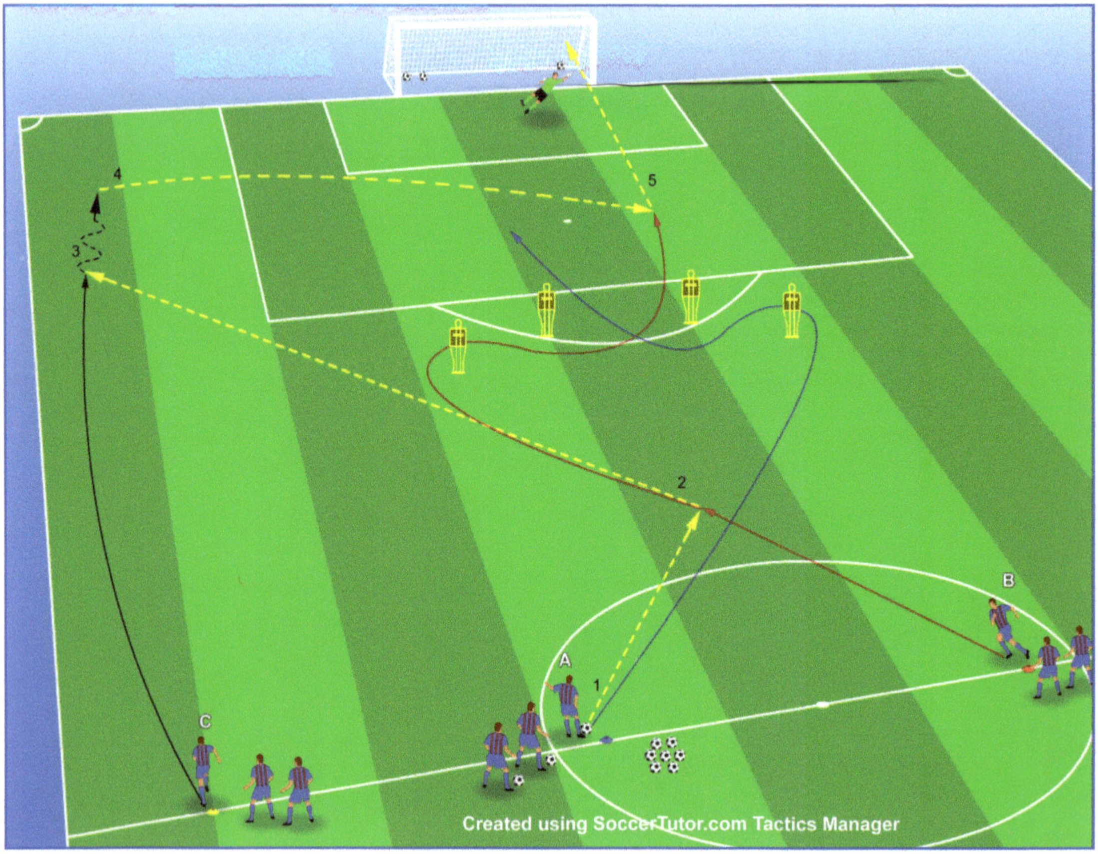

Die Spieler absolvieren je 3 Wiederholungen auf beiden Seiten.

Ablauf

1. A passt ins Zentrum in den Lauf von B.
2. B passt steil in den Lauf zu C.
3. C nimmt den Ball an und dribbelt weiter.
4. C flankt den Ball für die nachsetzenden Spieler A und B.
5. A und B laufen wie in der Abbildung gezeigt, ein und passen ihre Läufe an die Aktion von C an.
6. Die Spieler rotieren eine Position weiter: (A -> B -> C ->A) und die Übung wird fortgesetzt.
7. Nach 3 Wiederholungen wird der Ablauf von der Gegenseite erneut durchgeführt.

Quelle: Pep Guardiolas Trainingseinheiten beim FC Barcelona B (2007-08)

Offensive Kombinationsspiele (Übungsformen mit Ausdauer- und Schnelligkeitselementen)

6. Schnelles Kombinationsspiel, Flanke und Abschluss

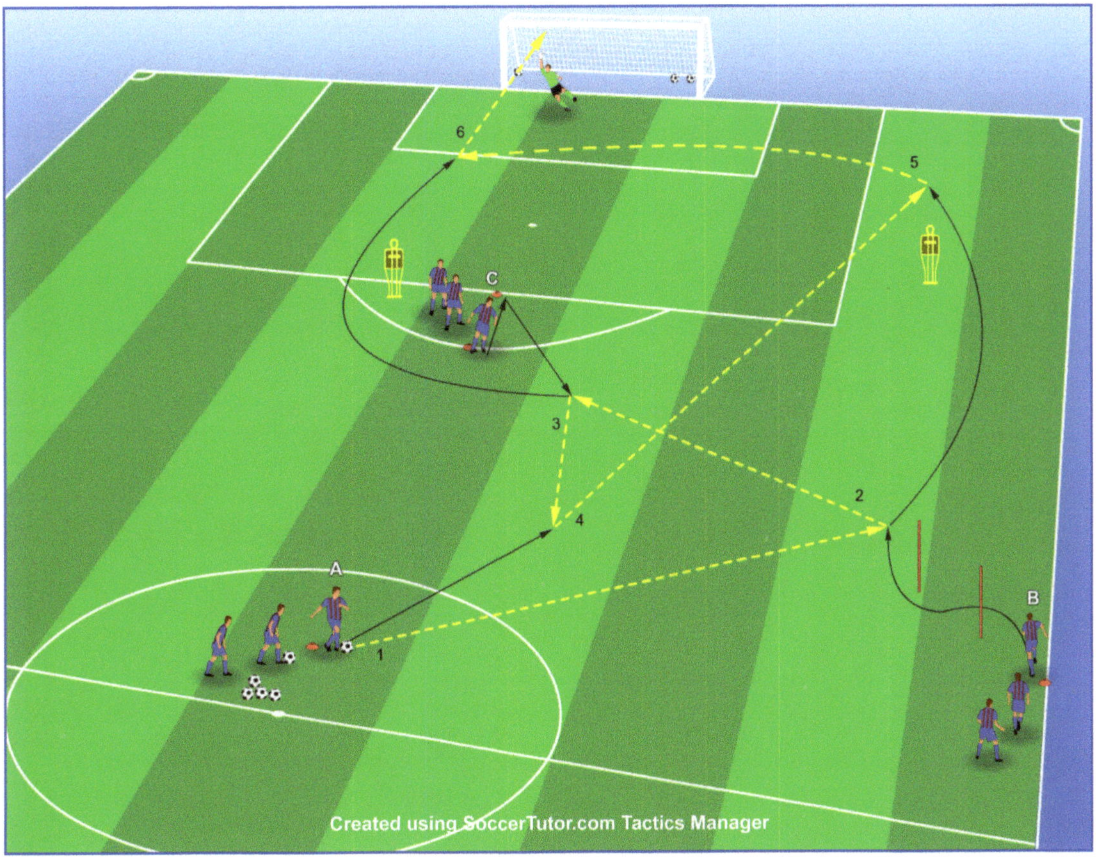

Die Spieler absolvieren 3 Wiederholungen auf jeder Seite des Felds (5 Minuten Pause zwischen dem Seitenwechsel).

Ablauf

1. A passt in den Lauf von B.
2. B sprintet durch die Stangen und erhält ein Zuspiel von C.
3. C macht eine Auftaktbewegung und passt dann zu A.
4. A passt den Ball steil in den Lauf von B.
5. B flankt den Ball in den Lauf von C, der hinter dem Dummy in den Strafraum sprintet.
6. C versucht die Flanke zu verwerten.
7. Die Spieler rotieren eine Position weiter: (A -> B -> C ->A) und die Übung wird fortgesetzt.

Quelle: Pep Guardiolas Trainingseinheiten beim FC Barcelona B (2007-08)

Offensive Kombinationsspiele (Übungsformen mit Ausdauer- und Schnelligkeitselementen)

7. Kombinierte Aktionen, Flanke und Abschluss (Schnelligkeits-/Ausdauerübung)

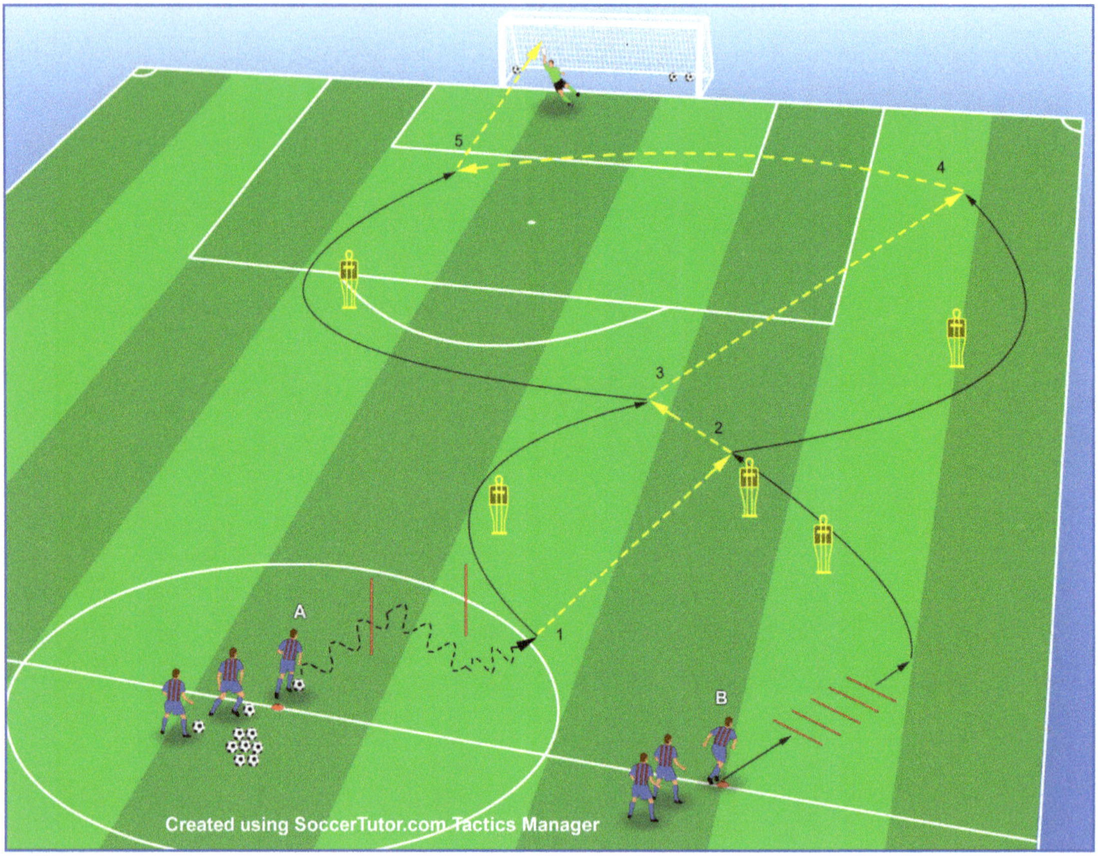

Die Spieler absolvieren die 1. Serie mit 3 und die 2. Serie mit 4 Wiederholungen (4 Minuten Pause dazwischen).

Ablauf

1. A dribbelt durch die Stangen und passt vor die beiden Dummys auf seiner Rechten Seite. B sprintet über die Stangen und durch die Dummys, um das Zuspiel zu erreichen.

2. B spielt einen kurzen Pass auf A.

3. A passt steil in den Lauf von B.

4. B flankt den Ball in den Lauf von A, der hinter dem Dummy in den Strafraum sprintet.

5. A versucht die Flanke zu verwerten.

Quelle: Pep Guardiolas Trainingseinheiten beim FC Barcelona B (2007-08)

Offensive Kombinationsspiele (Übungsformen mit Ausdauer- und Schnelligkeitselementen)

8. Doppelpass, Flanke und getimte Laufwege in den Strafraum (Schnelligkeitsausdauer)

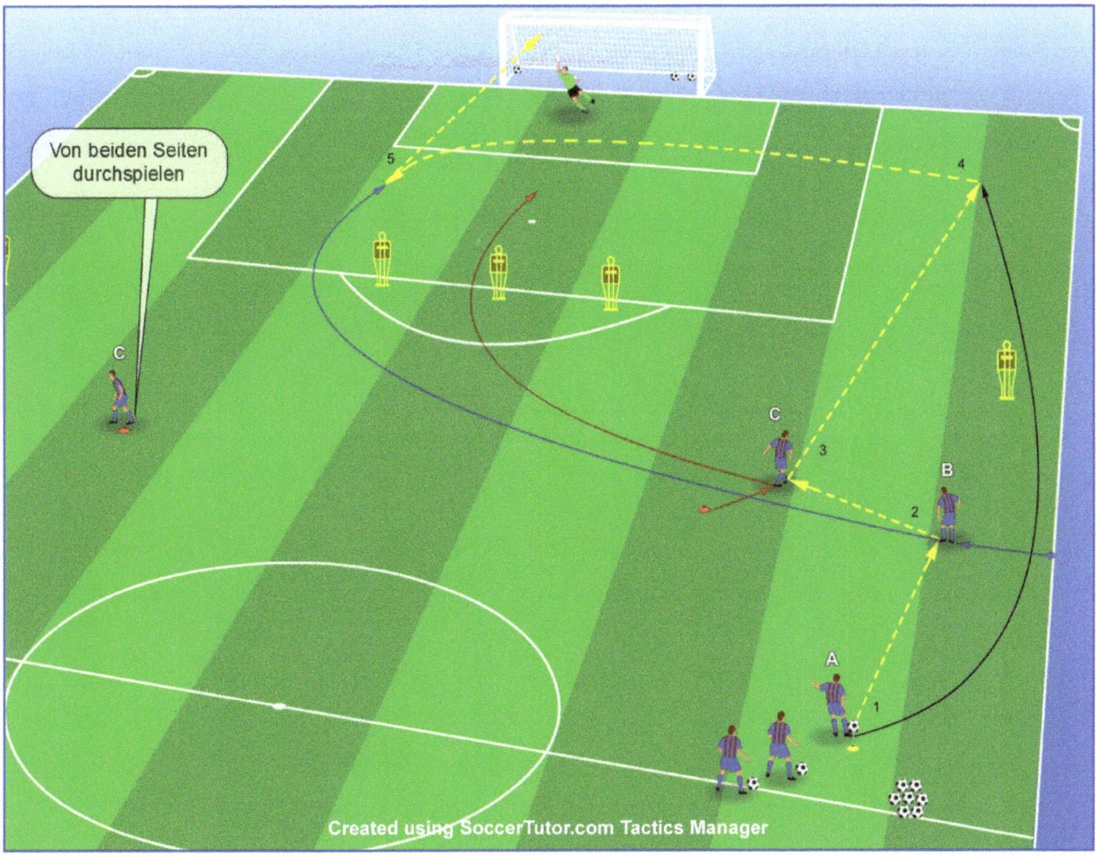

Von beiden Seiten durchspielen

Die Spieler absolvieren 3 Wiederholungen auf jeder Seite des Felds (3-4 Minuten Pause zwischen dem Seitenwechsel).

Ablauf

1. A passt zu B, der sich von der Außenlinie nach Innen abgesetzt hat.
2. C löst sich vom Hütchen und erhält das Zuspiel von B.
3. C passt steil in den Lauf von A.
4. A flankt den Ball in Strafraum zu B, C. B und C laufen jeweils bogenförmig um die Dummys.
5. B oder C versuchen die Flanke zu verwerten.
6. Die Spieler rotieren eine Position weiter: (A -> B -> C -> A).
7. Anschließend die Übung auf der Gegenseite wiederholen.

Quelle: Pep Guardiolas Trainingseinheiten beim FC Barcelona B (2007-08)

Fußball Coaching Spezialisten seit 2001

Erhältlich als Printversion (in Farbe) und als eBook
PC | Mac | iPhone | iPad | Android Phone/Tablet | Kobo | Kindle Fire

www.SoccerTutor.com
info@soccertutor.com

Fußball Coaching Spezialisten seit 2001

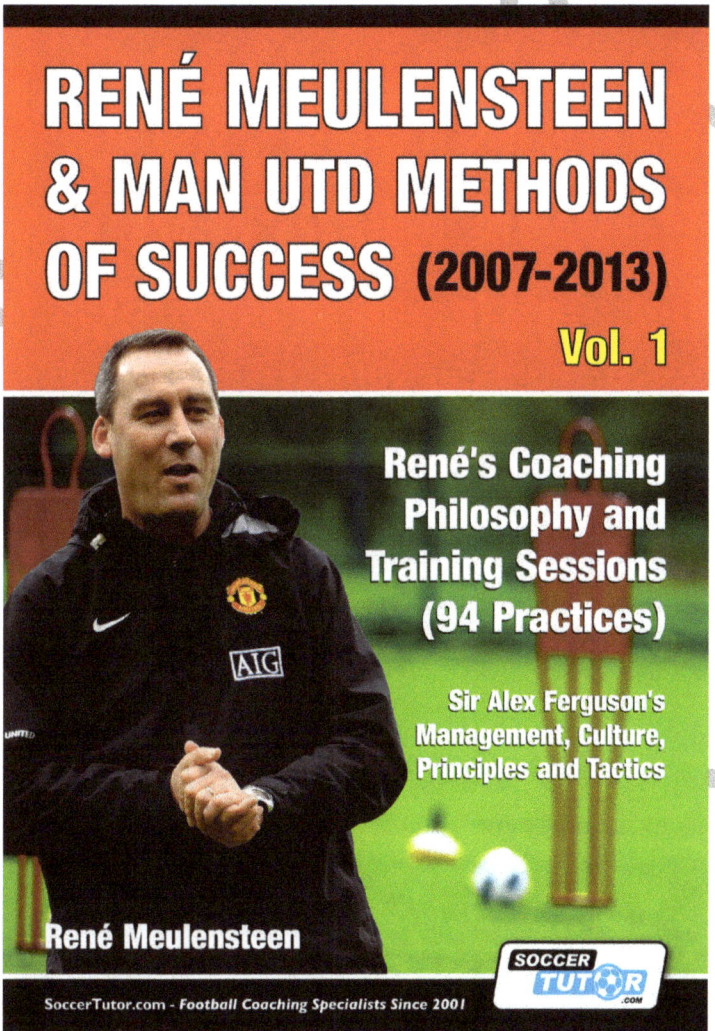

Erhältlich als Printversion (in Farbe) und als eBook
PC | Mac | iPhone | iPad | Android Phone/Tablet | Kobo | Kindle Fire

www.SoccerTutor.com
info@soccertutor.com

Fußball Coaching Spezialisten seit 2001

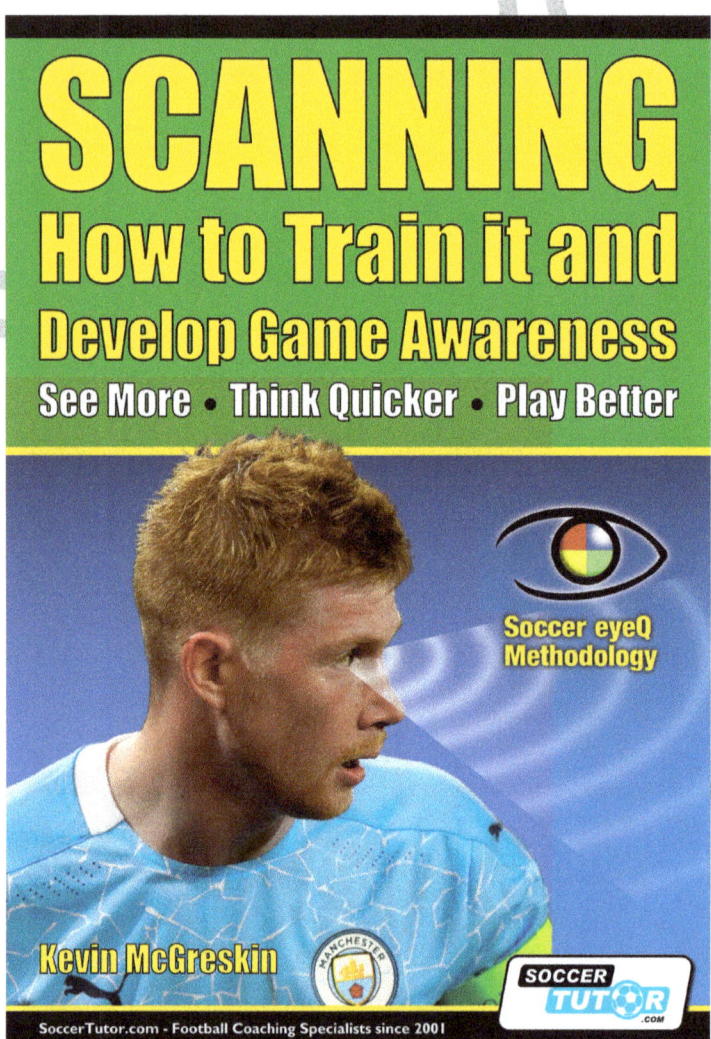

Erhältlich als Printversion (in Farbe) und als eBook
PC | Mac | iPhone | iPad | Android Phone/Tablet | Kobo | Kindle Fire

www.SoccerTutor.com
info@soccertutor.com

KOSTENLOSE TESTPHASE

Fußball Coaching Spezialisten seit 2001

TACTICS MANAGER
Verfügbar in Deutsch

www.SoccerTutor.com/TacticsManager
info@soccertutor.com

PC   Mac   iPad   Tablet   Web

www.ingramcontent.com/pod-product-compliance
Lightning Source LLC
Chambersburg PA
CBHW061209230426
43665CB00028B/2961